時兆文化

發現上帝的 A計畫

杜慕恆 —— 著

在 故 事 的 錯 行 中 學 做 對 事

如果說人偏行己路、犯錯後被神挽回的路是B計畫；
一錯再錯是C計畫；那麼找出「上帝的A計畫」，
就是更快擁抱豐盛人生的關鍵！

PLAN A

誠
摯
佳
薦

《想要好人緣，聖經都有解》
—— 作者杜慕恆

又一活用信仰
激勵之作！

推薦序一

聖經給一般人的印象是嚴肅、正經、甚至有些「枯燥」的，因此在這個閱讀風氣甚低的時代，撰寫一本關於「聖經」的書籍，真是大膽！不過我在細細閱讀的過程，卻不禁拍案叫絕。

杜牧師很高明，他帶著大家進入一個個聖經典故中，反覆抽絲剝繭，同時鋪排成精彩的推理情境，深入推敲每位人物對試探的反應、對艱困環境的軟弱、對前程的茫然、對善惡的選擇，這儼然已是戲劇心理學的活用。

《發現上帝的A計畫》提供一般讀者與信徒活用聖經智慧的另類途徑，特別是在近年網路霸凌頻傳、人際關係遙遠孤寂、易怒又猜疑的環境底下，情商（EQ）已成為職場、生活中不可或缺的能力，善用這本書將有助於大家爬梳情緒、找出解決方案、抓住上帝的應許和祝福，避免陷在莫名的衝突、懊悔與忿忿不平中，向下沉淪。

春河劇團藝術暨教學總監 郎祖筠

推薦序二

細讀聖經故事時大家總是有許多疑問，其實裡頭隱藏著許多上帝的計畫和美意，是我們人無法理解的。因為我們的感受、想法、邏輯長期與外在環境相互作用，形塑出與上帝旨意有所落差的思考模式，因此必須有人在當中作橋梁，成為上帝話語的轉譯者。

我在醫院工作四十年，碰到無數的困難跟挫折，但是回過頭來發現，如同聖經故事所印證：上帝自有祂的美意、上帝的計畫是如此完美！杜牧師寫的《發現上帝的A計畫》就是將故事裡隱藏的意義顯露出來，讓我們更了解上帝的意念，使生活更喜樂、順利，不會因著老我的思考邏輯，造成價值觀扭曲、行為偏差，進而犯下極大的錯誤。我認為讀者在閱讀本書時，不要把它定義為宗教書籍，才會發現更多有趣的事情，進而找到為人處事正確的方向，並應用於日常生活中。不論是情緒管理、危機處理，都能在這本書找到對應的解決方案。

這本書最重要的目的是讓我們擺脫固有的邏輯思維，改用上帝的話去思考做人做事的方法。特別是在最後一章〈開啟心

竅〉裡，杜牧師以其解析問題的智慧，化解人們對聖經的誤解與盲點，並讓讀者學習受困時如何危機處理？心態應該如何調整？雖然這些過程說起來很容易，做起來其實是困難的，但是只要有所操練，必定會有所進步。

作為一位醫療工作者，每天面對生老病死；身為一位行政管理者，每天面對人、事、物的困擾，我深刻了解自己的不足，發現用人的方法會把事情弄得更糟糕；然而當我們尋求上帝的方法，一切迎刃而解！因此我非常推薦這本書給大家，不管你是基督徒或是非基督徒，祂的道理是給普天下人的。

基督復臨安息日會醫療財團法人臺安醫院
院長 黃暉庭

序言：發現上帝的A計畫
7

第一章：源起於伊甸園—善惡樹下的對決
15

第二章：愛恨一念間—EQ情商的思路
45

第三章：紛爭也能出現新幸福
65

第四章：為暴衝之家把脈與重建—雅各的暴衝家庭
87

第五章：從山窮水盡走向柳暗花明—約瑟的坎坷與榮耀
103

第六章：讓比較帶來祝福
121

第七章：因爭競而比較，還是為成長比較？
143

第八章：一開始就走Plan A，路就不難走！
163

第九章：開啟心竅—解析問題的智慧
185

序言

發現上帝的
A計畫

發現上帝的
A計畫
在故事的錯行中學做對事

人不斷在犯錯，但人並不喜歡犯錯，不想犯錯！大家都想做對、做好。可是多數時候並沒有誰可以在抉擇時給我們指點迷津；在衝動時提醒我們冷靜；突發狀況當下教導正確應對之道！當下只能憑個人的判斷與決定來處理，但面對實際問題時，心中就呈現許多複雜的考量，混雜著利弊得失、個人的軟弱慾望、兩難取捨等，真讓人感到掙扎糾結、迷惘不定。

原因是，道理我們即使都懂了，面臨狀況時仍會啟動自己較為習慣的思考做法。且理想歸理想，現實還是要顧！過去熟悉的方法實在有其原因道理，因為自覺較有把握、可行或可靠，所以會不經意用老方法來處理，但仍不免躊躇舉棋不定：「不知上帝旨意為何？」，真讓人不知如何是好！

若一開始就做對 何須繞一大圈

古代經典常被拿來作為鑑戒和行為指引的依歸，聖經也有這種功能，但聖經也記載頗多「錯誤示範」的故事，包含墮落、犯錯、作惡等不良行為。聖經人物的錯誤固然可讓讀者學習功課，認識上帝在其中的智慧、作為與愛，但我們可以判斷，上帝原本並不希望人犯錯，也不需要藉由人犯錯來達到認識真理的目的。

WHAT THE BIBLE SAYS

為千萬人存留慈愛，赦免罪孽、過犯，和罪惡，
萬不以有罪的為無罪，必追討他的罪，
自父及子，直到三、四代。
出埃及記 34:7

因為行非義之事的人都是耶和華——
你上帝所憎惡的。
申命記25:16

若是如此，我們便想問：「上帝希望的正確做法是什麼？」其實
就是不犯錯的做法，我們稱之為「上帝的A計畫」，也是上帝的
原訂計畫；而人偏行己路，經過犯錯所走的路就是B計畫；一
錯再錯則是C計畫，依此類推。

今天凡是想走正路的人，希望在每件面臨的選擇與行動中，都
做得對、做得好、按著上帝的A計畫走，而不是繞了一個大彎
後又要從頭來，好像以色列人在曠野徘徊四十年一般。那麼難
道聖經記載故事中的錯誤行為，就不是我們學習上帝A計畫的
最好版本？這倒也未必！因為聖經人物有犯錯是事實，讀者可
以用推理方式，還原「正確行為」的故事版本該如何發展。

跨越思考的侷限 探究聖經弦外之音

不過聖經讀者向來不太敢自行「推理」聖經沒有寫的部份，一

方面可能認為沒發生的事，怎能亂講 **(隨自己的意思講)**，另方面因為啟示錄上有這樣的經文：「我向一切聽見這書上預言的作見證，若有人在這預言上加添甚麼，上帝必將寫在這書上的災禍加在他身上」**(啟示錄22：18)**。這經文指的是把聖經以外的教導說成像聖經一樣的啟示，擅自增添人的論點在聖經中是不可的。就像是把別人的文章加在自己的著作中出版，不但原作者無法接受，也是違法的事。

此外彼得後書1：20-21也寫到：「第一要緊的，該知道經上所有的預言沒有可隨私意解說的；因為預言從來沒有出於人意的，乃是人被聖靈感動，說出上帝的話來。」當人針對聖經原沒有記載的事情，加以人為推理，便有錯誤猜測的可能性，也就是誤判，這些是研究聖經的人常顧慮擔心的。

然而當我們認為不可隨自己的「私意」解釋，也連帶不敢有聖經以外其他想法，如此一來，便無法善用神賜的思考和判斷能力！畢竟從聖經的記載加以推論，從人為錯誤進而了解原本上帝的心意，能讓人進一步對聖經中許多字面沒說的重要真理深入探究。例如那些在嚴峻考驗下仍然持守樂觀積極的聖經人物，他們在當下如何思量：

❶約瑟被哥哥們出賣埃及，在波提法家勞役時，他能把所交付的工作做得淋漓盡致，是出於怎樣的想法和態度？我們要

推敲的是他實際怎麼想，而不僅是稱讚他信靠上帝、有饒恕的精神、具有一流品格等。

❷談到女主人對約瑟的引誘，我們若能思量女主人如何周詳誘使約瑟就犯，以提出足夠引誘的條件，而不僅是看到一位欲求不滿的好色人妻，便能從這段記載清楚看出誘惑的吸引力不容小覷！接著再進一步找出因應對策，幫助面臨考驗的人勝過。

❸當約瑟被女主人陷害、關入大牢，可能出現哪些負面及正面想法？他如何決定該怎麼想？如果這次的引誘不是女主人第一次的試探，事前已有釋放誘惑訊息，約瑟可採取什麼自我保護的因應措施？

❹約瑟在波提法家或牢獄中，如何與同儕相處？他是否可能受到嫉妒或排擠？還是這些人也像主人一樣愛戴約瑟、佩服他呢？如果你是約瑟，面臨這兩種狀況，需要注意什麼？做些什麼？如何降低大家的對立磨擦？

耶穌說：「善人從他心裡所存的善就發出善來；惡人從他心裡所存的惡就發出惡來；因為心裡所充滿的，口裡就說出來。」**(路加福音6：45)** 當我們嘗試從聖經或各樣歷史記載中找到學習的重點時，不僅要注意他們行事為人的對錯所帶出的品德教訓，其行為背後的想法、判斷、選擇及種種習性帶出來的表

現，更是至關重要！因為外在表現的，即是出自心裡怎想，這不僅僅是心存善念或心存惡念這麼簡單，因為這些意念都有其考量原理，需要被提出來檢討觀看，才能幫助我們做出對的選擇。就像知道健康之道的人很多，能實行出來的往往是少數，理由很簡單，因為人的行為是由他的考量脈絡和生存習慣決定的，不是由他所懂的道理或理想決定的。

聖經，或是任何千古流傳的經典，都不能僅從表面來理解，也不能只接受「正統」、「主流」的教導觀念。別忘了，即使耶穌在當時的表現與教導也是非主流！不論主流或非主流，故事背後還有許多寶貴的重點需要我們繼續探索推敲下去。本書即就部分聖經故事，帶領讀者探討字面上沒有記載，卻應好好探究的道理。

天路歷程一路相伴 獻上恩賜榮神益人

本書是在我離開服務二十五年正職的教會，以自由牧者身分受邀遊走華人教會，從事培訓牧者、信徒等工作時寫作而成。我特別感謝家人在我進行如此另類的服事時，仍然支持我的事工理念，父母天天代禱、時刻關心；師母在我外出期間殷勤持家；還有關心我的牧者、信徒、好友的支持陪伴；大陸及海外主內知心好友的協助、代禱與奉獻，都讓這趟奇妙旅程能順利延續。我也要感謝將信息上傳至通訊平台的夥伴；以及

透過支付打賞或捐助，讓大家能在空中教會一起分享的同工們，使我能透過四處造訪傳奇的事奉者，與他們充分交流使命、異象、成果與見證，共同凝聚許多寶貴的點子。我們都是主羊，都認得祂的聲音，因此結伴同行；讀者們更是我的手足、福音的同工、天路的同行者。

這本書不是在闡述真理，但希望有助於大家認識真理、應用真理，成為善於使用真理者。主是真的、是活的，必會引導用心的人，連於元首基督！**(以弗所書4:15)** 本書除了適合個人閱讀；也可於小組團契中探討書中提到的聖經故事；更可用戲劇、角色扮演方式進行討論、激發大家的思考力、揣摩當事者的起心動念及後續發展，練習對事件進行客觀觀察、分析其因果邏輯，找出能轉化個人及群體生命的全新看見！

WHAT THE BIBLE SAYS

惟喜愛耶和華的律法，晝夜思想，這人便為有福！
詩篇1:2

凡是真實的、可敬的、公義的、清潔的、
可愛的、有美名的，若有甚麼德行，若有甚麼稱讚，
這些事你們都要思念。
腓立比4:8

但要凡事察驗；善美的要持守。
帖撒羅尼迦前書 5:21

第一章

源起於伊甸園
——善惡樹下的對決

上帝的A計畫，就是祂原本要實現的樣貌。神的原本計畫，意思不是祂對我們的一舉一動都有意見、要我們照祂意思做，若是這樣，那上帝可真是自找麻煩，一方面給我們自由意識思想能力，另一方面又要我們言行舉止全得照祂的，這無論對人、對神都是折磨吧！所謂「上帝原本的計畫」並不是指狹隘的一個口令、一個動作，而是希望人在真理的範圍內，以良善、合祂心意的態度處理事務、面對抉擇、回應當下。

因此我們試著透過聖經中人犯錯的故事來思考：若想要不犯錯，他該怎麼思考、如何應對？怎樣解決問題？若一開始的想法對了，接下來該怎麼做？怎麼說？當這些練習足夠了，我們便能養成面對問題與試探的抉擇能力，這樣從聖經來的信仰，或是其他屬靈的教導，才有其務實性。

夏娃如何面對蛇的引誘？

大家都熟知的亞當夏娃故事，也許大家覺得這件事不難對付，在那當下夏娃應該斷然拒絕、掉頭離開！畢竟上帝都已經跟他們說「吃的日子必定死」，還有什麼好懷疑的呢？其實這些道理大家都懂，可是一旦面臨試探，恐怕很多人無法把持得住。

原因是這樣的，在故事中我們已經知道結局情節，以及主角犯錯受到的懲罰，所以毫無疑問我們知道不該犯此錯誤。換作是今天，一個極大的引誘出現在我們面前，只要我們知道接近它的後果很悲慘，任誰也不願意上當！還有另一個原因是，聖經是講品格、講仁義道德的書，容易引起認同肯定，可是在日常生活中面對試探時，我們考慮事情都本著生存考量，如果試探被認為是有助於生存的條件，或者理想中的境界與標準不利生存時，屈從誘惑的機率便會提高。

換句話說，有效的勝過試探方法，就是讓人知道正確的做法也有利於生存！也就是符合聖經的想法真的對人生更有幫助，如此一來才有機會勝過引誘。以下就讓我們透過一場「虛擬課堂討論會」來探討這個伊甸園的案例。

原版劇情

蛇對女人說：「上帝豈是真說不許你們吃園中所有樹上的果子嗎？」女人對蛇說：「園中樹上的果子，我們可以吃，惟有園當中那棵樹上的果子，上帝曾說：『你們不可吃，也不可摸，免得你們死。』」蛇對女人說：「你們不一定死；因為上帝知道，你們吃的日子眼睛就明亮了，你們便如上帝能知道善惡。」於是女人見那棵樹的果子好作食物，也悅人的眼目，且是可喜愛的，能使人有智慧，就摘下果子來吃了，又給她丈夫，她丈

17

夫也吃了。**(創世記3：1-6)**

虛擬課堂討論會

💬**老師：**同學們，人造的產品因科技的精進，新一代往往比前一代更加理想優良，這就是經由不斷修正、改造的成果。但上帝原創的應該不是這樣！亞當夏娃與其後代比較，原創的一定比犯罪之後的後代更優、更完全才對。他們是上帝創造的第一代產品。請用你們的想像，思考他們具備哪些較後代人更獨特的優勢？

💬**同學一：**老師，我也相信上帝初始創造的，理當比之後的精良。按照物理定律的「熵」(entropy) 即可證明，若沒有其他外力介入，物質必會隨著時間逐漸潰散退化。特別是人類犯罪後，基因複製的後代只會傾向瑕疵弱化，不會自行強化！

💬**老師：**OK，你是用熱力學第二定律應用於人類的繁衍。若沒有外界刻意協助，亞當夏娃的後代只會一代不如一代是吧？蠻好的引證！

💬**同學二：**我想先祖亞當夏娃既是上帝原創，他們不同的地方是尚未犯過罪，不論是智力、能力、理性、判斷力、毅力

等都是完全的。

同學三：而且他們常與上帝面對面談話，從神那裡得到第一手傳授與愛。

同學四：對啊！他們應該沒有罪惡的習性，或是軟弱的習慣。

同學五：老師，會不會也有一種可能，就是他們沒有犯過錯，也沒有看過任何不對的事，缺乏抵抗誘惑的能力，因此也比較容易受騙上當呢？

老師：問得很實際！伊甸園太完美了，會不會反而讓他們沒有戒心、疏於防範？

同學一：老師，我相信不會的，若會，就和我們四個人剛才的論述違背了呀！

老師：的確是！你們之前的論述是說，上帝創造的是完美的，就不應該存在「因為沒犯過罪而比較無法抵擋欺騙」這個有瑕疵的推論，對吧？除此之外還可從另一個層面來看，很多做錯事的人會想：「早知道結果會這樣，當時就不應該這樣做……」意思就是如果不會有這種結果，人還是會選擇犯罪的。所以重點是人的內在是否有想犯罪意圖，

環境險惡與否不見得與一個人能不能抵抗誘惑、選擇做對的事有關！

作者提示❶

此番討論有助於我們推論事件的真實情境，因為過去事件留存的記載與記憶可能只是片面，無法再調閱重現，因此便要依常理來推論，以所知的聖經原則或是上帝行事風格來推估，進一步對故事記載有更整全的了解。

作者提示❷

這段虛擬課堂討論會的內容是為接下來第二個議題作鋪陳。在亞當夏娃這麼完美的條件下，撒但若要引誘他們犯罪，必須認清對象的實際狀況，再思考如何下手。也就是說，今天我們每個人都可能面對試探，試探之所以能達到目的，絕對有其理由脈絡。我們若能了解詐騙的招數，就有助於免於受騙！

用心的撒但──群鬼密謀會

依照聖經記載，撒但引誘先祖使他們犯罪，客觀來說這計謀的成功率應該不高，若要得逞便得認真籌畫。以下我們想像

撒但招聚牠的手下，密謀分析引誘策略。

撒但：各位夥伴，現在我們有一個難得的機會！上帝讓祂所造的人在伊甸園裡，但放了一顆善惡樹不准他們吃，吃了就會死。我們一定要想方設法引誘他們吃這禁果，讓他們犯罪，一旦犯罪，他們就得死，這樣我們便能破壞上帝的計畫。反正神做什麼，我們就破壞什麼，讓上帝拿我們沒辦法，以後祂要做什麼就得來跟我們談和，到時我們就可擁有一片自己的江山了！所以小鬼們，我招你們來，請大家幫忙想一想怎麼拐騙這對男女，只准成功，不許失敗！來吧，請大家熱烈發言，自由討論！

甲鬼：我建議，各個擊破比一起引誘勝算較大，他倆一道，會互相提醒，有所警覺，所以要趁兩位不在一起時，先引誘其中一位。一旦一人犯罪，我們就算是成功了，這就夠上帝傷腦筋了！

乙鬼：我贊成，而且我覺得引誘夏娃的機率比引誘亞當勝算更高。因為亞當賦予的責任似乎比夏娃大，這樣的人通常較警醒，比不被授予責任者抵抗誘惑力較強。所以我們要等夏娃一人靠近善惡樹時再出手。

丙鬼：是的，這可要沉得住氣，畢竟這對夫妻何時分開行

動不是我們決定的，一定要耐心等待，不可貿然躁進，第一次若不成，他們即會有所警覺，之後行動就更不容易了。咱們要一局定江山，一次決勝負！

💬 **撒但：**很好，你們的提議都很有道理。我認為若要引誘人類，就要吸引其注意、引發好奇、製造對話機會，這些都是起頭較困難的部分，得要克服，否則一開始就嚇跑對方，讓對方轉頭走人，事後可能更有戒心，要再引誘可能更加困難。那麼，大家對於讓夏娃靠近這棵樹有何建議？

💬 **丁鬼：**我建議，利用閃閃發亮註❶、行動俐落的蛇出面擔綱最適合！因為飛蛇既不陌生又吸睛，若隱若現盤纏在樹上，或許夏娃較不排斥，反而好奇，女人特別喜歡漂亮的東西吧！牠必能降低夏娃防禦戒心，若我們這些妖魔親自出現，夏娃可能會被嚇到；反之蛇開始談話引起夏娃注意時，她便會忽略這是一棵上帝禁止的果樹！

💬 **戊鬼：**而且一定要說些會引起對方回覆的話。譬如說：「上帝豈是真說不許你們吃園中所有樹上的果子嗎？」或說：「有件事如果回去告訴亞當，一定會讓他非常驚喜！」透過這些話引起夏娃的回答，就有了交談的機會。

💬 **己鬼：**我覺得呢，若要降低夏娃對這禁果的戒心，得先證

明吃了沒事。所以我建議蛇要現場示範，證明自己吃了沒事。

撒但：大家都說得很好！我相信要達到引誘目的，這些事都得考慮在內。不過我們還需沙盤推演到時可能發生的種種狀況、如何見招拆招。接下來我假設幾種可能發生的狀況，請大家想想該如何應對，以求萬無一失！首先，如果夏娃來到善惡樹下，或是見到蛇馬上掉頭走人，該怎麼辦？

甲鬼：若是這樣，那蛇就要立刻說：「難道你不想知道上帝為何不讓你們吃這樹上的果子嗎？這裡頭有個重要的秘密，我在這等著要告訴妳呢！」

撒但：嗯，可以。但如果蛇引誘夏娃的時候，夏娃說：「那我先去問亞當吧！」你要怎樣回答呢？

乙鬼：鬼王，如果夏娃說要問她丈夫的話，我建議蛇可以對她說：「妳若沒先試，光是跟亞當說，他會信嗎？如果妳先試，眼睛明亮有神又有智慧，亞當一定會非常驚喜，還誇妳聰明，說妳做得好，他會更愛妳的！」

撒但：嗯，這樣講蠻不錯的，人都喜歡做些讓重視的人開心的事，這樣說或許能讓她願意先嚐嚐。假如她嚐了，一

定也會想讓亞當試試，因為這樣還會減少犯錯的心理壓力，認為兩個人一起承擔錯誤可以有個伴，好過一個人孤單面對！那我再假設，蛇講了這些之後，夏娃若說：「我還是覺得我不應該嘗試。」該怎麼辦？

丙鬼：假如夏娃還是沒上當，我想蛇可以跟她說：「妳還有什麼顧忌嗎？妳可以說出來我聽聽看怎麼解決！」然後再見招拆招了。

撒但：好的，這也是個緩兵之計，能留住談話才有進一步的機會。那麼，要是夏娃擔心說：「上帝一旦知道了該怎麼辦呢？」蛇要怎樣減少她的顧慮？

丁鬼：我想蛇就回她說：「上帝那邊你大可不必擔心，神就是愛，所以祂決不會做什麼傷害妳的事。祂是說不准妳吃，但妳如果真吃了，祂最多警告妳不要再犯，不會怎樣的！要是這果子真對你們有傷害，祂怎麼可能放在這害你們呀？要知道，上帝是愛你們的，不可能就因為吃個果子就要你死呀！這吃下去沒啥大不了的，沒那麼嚴重啦！」

撒但：很好，我喜歡這一招，不需要藉由醜化上帝的形象，因為批評上帝只會讓對方反感、引起對立；當你故意美化上帝，反而能讓你要引誘的人無形中降低對立心態中了圈

套!這招好!各位同仁,今天大家貢獻的建議都非常有見地,要跟上帝作對得要用腦呀,只有那些怕事不用腦筋的才會在上帝那裏,哈哈!看樣子這樣下去,咱們是勝利在望呀!哈哈哈……

註❶:撒但取了蛇的形狀,進入伊甸園。蛇原是一種長著翅膀的美麗動物,在空中飛翔時宛如一道金光,不是在地上爬的,而是到處往來飛行,並像人一樣以果子為食物。撒但進入了蛇身,並盤據在那分別善惡的樹上,從容地開始食用其上的果子。《救贖的故事》第四章

知己知彼 百戰百勝

從這場虛擬的群鬼集思廣益討論會裡,我們可以學習到幾件事:

一、魔鬼們若想要與神爭戰、誘惑世人,一定得先「做對」許多事,才能矇騙世人、發揮效果

這些對的事通常來自上帝所制定的原則,只要做對了,即使壞人也會產生具體的效果,這就是耶穌所說:「日頭照好人,也照歹人;降雨給義人,也給不義的人。」**(馬太福音5:45)** 的道裡一樣。這也可用來解釋世界上科學精進、文明進步、商業成功,因為人用對了神所設下的原則,就會有所成效,只是若沒有把人引到造物者那裡,反而遠離祂、不將榮耀歸給神,至終還是會有不良的後遺症。

二、試探者若經過深思熟慮，受試者往往防不勝防

鬼群們的建言都蠻能吸引人的注意，藉由降低人的心防，誤導人該注意的重點，同時利用人性弱點或其個人特質，如好奇心、愛美、喜歡被稱讚等本性，加以說服引誘。若人們能預先對自己的個性有所覺察、了解誘惑的伎倆，就能像預防騙術那樣勝過試探；同時更要瞭解上帝對人的理想標準，如聖潔、忠心、順從等重要性在哪？有何長遠實質的益處？看得越清楚，人的抵抗力會越強。

三、人與人因罪惡彼此受到影響、摩擦、對立、內耗

耶穌感慨：「今世之子，在世事之上，較光明之子更加聰明。」**(路加福音16：8)** 撒但常隱身在許多善良的機構或宗教團體裡工作，做許多看起來好的事，卻使其中的人們紛爭不斷、彼此傷害。耶穌也說：「撒但怎能趕出撒但呢？若一國自相紛爭，那國就站立不住；若一家自相紛爭，那家就站立不住。若撒但自相攻打紛爭，他就站立不住，必要滅亡。」**(馬可福音3：23－26)** 我們常認為魔鬼是全面錯誤惡毒敗壞的代表，但若是這樣，為何牠們能夠屹立不搖且成效不斐？難道牠們沒做對什麼嗎？若是做對了什麼，那些對的原則是誰定的？豈不是上帝定的嗎？若是上帝定的，魔鬼群應用至今，為什麼上帝的子民反而不懂得應用呢？

見招拆招──防範撒但伎倆自救會

在這裡我們虛擬了另一個討論自救會，針對魔鬼慣用和擅長的伎倆，破解其詐欺手法，進一步解釋人受騙的原理，找出預防的方法，以免人繼續受騙滅亡。

會議主旨：探討夏娃得勝試探的心法

主席：為了探討夏娃所受到的試探，我想藉助大家對防制詐騙集團這方面的專業，看看背後有哪些慣用詐術，以防止未來繼續受騙損失。

組員一：在伊甸園這樣完美安全的地方，誰也料不到會潛藏這麼狡猾的引誘布局！我認為光是一顆分別善惡樹的果子，還不足以讓夏娃自己去摘，若沒有蛇或撒但在背後引誘，是不會發生這類不幸事件。

主席：你意思是，若沒有撒但利用這條蛇來引誘，夏娃自行吃禁果的可能性不高？那麼你們認為夏娃在這情況下，原本可以怎麼聰明應付？

組員二：所謂三十六計，走為上策！這是最快、最容易的策略，一旦開始進行談話、討價還價，無疑讓自己陷在危險中，照理說夏娃應該很快發現蛇說話根本不合理，這其中

必有問題，得趁早離開為妙。人的軟弱常常是「想太多」，對的事應該不要想太多，要直接去做；錯的事則不要想太多，直接不做。若是繼續往下想，藉口往往不斷跑出來。對的事拖延、不了了之；錯的事反而找理由去做。我認為終究是我們自己的想法讓自己軟弱的！

組員三：夏娃應該還是要跟亞當一起，不要落單，這樣就比較不會單獨陷入試探。可是話說回來，人難免有獨處的需要，自己沉思默想。兩個人終年成雙成對、形影不離，也不見得是好事！我覺得可以獨處，但距離不要太遠，時間也不宜太久。即使沒有撒但或蛇的引誘也應當如此。

主席：你們兩人所提出的看法都很切入重點，建議也很實用可行，有助於降低犯錯的機會。除此之外，是否能再就夏娃跟蛇的對話部分提出建議？這樣的談話有什麼問題，以至於讓她中了圈套？怎樣的對話比較不會上當？

組員三：主席，這方面我的想法是，蛇所用的方法是故意引起夏娃回應。蛇說：「上帝豈是真說不許你們吃園中所有樹上的果子嗎？」這句話試圖引起夏娃辯解，如此一來就有了對話的空間。夏娃若要回答蛇，可以避重就輕回說：「一條蛇怎會說話呢？這正常嗎？我要去問上帝怎麼回事！」

組員四：這一點我也曾經想過，蛇會說話實在不可思議，若是撒但讓蛇說話，那麼今天也該如此發生才對！如果撒但能使世界混亂，為何動物開口說話這件事再也沒發生過？

主席：這倒是，除了迪士尼動畫，或是好萊塢電影，伊甸園後再也沒有動物用人話溝通的紀錄了。聖經中唯二記載動物說話的地方，也是上帝開了驢的口說話，現在就算是鸚鵡、八哥之類也只是模仿人的聲音，不會是對話。組員四，你有什麼看法呢？

組員四：我想上帝派亞當夏娃管理飛禽走獸，便可以解讀動物想表達的意思。所以我想當時蛇對夏娃說話，可能未必是人說的話，但確實可以溝通。因此我覺得夏娃可以感受出蛇的這兩句試探性的話：「上帝豈是真說不許你們吃園中所有樹上的果子嗎？」和「你們不一定死；因為上帝知道，你們吃的日子眼睛就明亮了，你們便如上帝能知道善惡。」是在挑撥人對神的信賴、挑起人的慾望，並私下達成這種慾望！我覺得夏娃可以提醒蛇：「你一定清楚上帝怎麼說的，萬一我真吃了，上帝要怪罪下來，你也難辭其咎，脫不了責任的！但到底什麼原因讓你這樣說？我覺得有問題，是誰告訴你吃了不會有事？不會死？是你自己的想法，還是誰告訴你的？上帝說吃了會死，而你卻說不會死？你說話會比上帝可靠嗎？蛇大哥，你是動物中又美又

29

聰明的一類，小心別誤用了這些優點！這些優點豈不應該用來幫助伊甸園更和諧、讓上帝高興才對嗎？若有什麼原因讓你心裡感到不對勁，可以說出來，我們都可以幫忙，上帝也很願意幫助你的！」

主席：聽你這樣說，倒是挺有意思的，如果夏娃能這樣應付，不但可以免於試探，還可以趁此機會說服蛇、使牠悔悟呢！這可是將了撒但一軍呢！

組員一：我也贊成這個做法！當時伊甸園的動物歸亞當夏娃管，夏娃雖然是協助亞當，但也有權柄管理這些走獸，勢必對蛇有一定的管轄權，絕對可以這樣指引蛇回轉。

從這次討論會我們觀察到：在試探中犯錯或勝過試探都有其可能性，至於我們受試探時會導向哪一個結果？端看我們平常對品格的操練、對真理的認識，以及是否養成節制的處事習慣。正確選擇的能力，將左右我們受試探時的反應。以下我們依照聖經記載，繼續探究上帝原本的心意。

挖掘上帝的心意──伊甸園反思問答

WHAT THE BIBLE SAYS

耶和華上帝使各樣的樹從地裡長出來，
可以悅人的眼目，其上的果子好作食物。

園子當中又有生命樹和分別善惡的樹。……
耶和華上帝吩咐他說：「園中各樣樹上的果子，
你可以隨意吃，只是分別善惡樹上的果子，
你不可吃，因為你吃的日子必定死！」
創世記2：9, 16, 17

問題一：上帝為什麼要放一棵足以致命的善惡樹？

A答：上帝要試試人是否順服與相信！

Q問：上帝為什麼要試呢？祂無所不知，為何需要用這方式實驗證明呢？

A答：不是上帝需要，而是人需要。人經過自己行動，所表現出來的才是真的。如同老師雖然看得出一個用功學生或偷懶學生考試可能會有的結果，但若不經考試就判定，這對學生是不公平的！

Q問：可是這豈不是帶來太大的風險？

A答：亞當夏娃是第一代上帝親手所造，其意志力、智力、判斷力應該是最強、最完美的，不太可能會主動摘分別善惡樹的果子。但上帝希望祂所造的有靈活物都能展現出他們對上帝自願自發的信任、順從和愛。愛是神給人最重要的禮物之一，也是祂最希望人具備的特質。人對神展現的愛、敬、

31

信、順服等高層次特質，都需要在「自由」的情況下發生才更加寶貴。所以善惡樹雖然不至於讓亞當夏娃犯罪，但上帝卻讓他們有此選擇，決定是否聽從上帝的吩咐，啟動愛上帝、信靠祂、甘心樂意順從等特質。愛一旦產生，便會繼續成長，人會更愛上帝、更信靠、更願意順從，之後這棵分別善惡樹便能功成身退，不再有存在的必要了！

Q問：所以，這棵分別善惡樹的價值，是讓人在自主情境中，決定順從神、愛神、信靠祂，發展上帝希望與人有的關係是嗎？

A答：是的，正是這樣！

問題二：撒但從哪裡來？從路錫甫背叛說起！

Q問：既然是蛇來引誘，夏娃才受誘惑，也就是說這不是原本上帝的A計畫。我們也知道沒有上帝允許撒但藉由蛇引誘人，這一切都不會發生，那麼撒但是怎麼來的呢？

A答：天使長路錫甫墜落人間之後就成了撒但，當他還在天上的時候，心中開始對上帝有了不同想法，他不服上帝高高在上受到崇拜敬畏，自己也希望得此尊榮，於是逐漸心生對上帝的反彈。這種心情也讓路錫甫建立一套控訴上帝

權威的推論：

推論❶　神不見得公平公義

路錫甫可能認為，規定都是上帝制定的，我們只能遵守服從，這挺不公平的！為什麼總是上帝定法則，而我們就得遵守呢？況且如果上帝自己要遵守這些規定，也不見得能做到，這樣實在不公平，也不公義！

推論❷　神沒有愛

路錫甫可能主張：上帝現在愛我們、對我們好，是因為我們沒犯錯，祂沒理由不愛我們；可是我們一旦犯罪做錯，祂一定懲罰我們。若是這樣，根本不是真愛！

推論❸　路錫甫自覺能力與基督不相上下

路錫甫覺得自己在創造與統治上有所貢獻，能力應該不輸基督。他覺得上帝忽視重用他是一大錯誤，更是損失！他一定得讓上帝知道只用基督而沒有招路錫甫共事是偏袒不智的。宗教作家懷愛倫夫人在其著作《先祖與先知》中這樣描述：「雖然他 (路錫甫) 所有的榮耀都是從上帝而來，這個大能的天使卻認為是出於自己。他的地位雖然高

33

過一切的天使，但他卻不知足，並貪圖創造主所獨有的尊榮。他所追求的，不是使一切受造之物，以敬愛並效忠上帝為至上，乃是使他們事奉並服從他自己。這個高貴的天使貪圖無窮之父所賦予他兒子的榮耀，並希冀基督所有的特權。」(P. 35)

我們相信上帝曾試著勸告路錫甫，並要他悔改，但他卻一意孤行，不斷向天使散佈抵擋攻擊神的言論。眾天使也只能觀望上帝怎樣處理此事。若即刻消滅路錫甫與其同黨，便印證了他的控告「上帝沒有真愛，一旦天使犯錯，上帝便消滅他們」；可是若不處理，形同任憑路錫甫作亂！所以上帝得沉得住氣，拉長處理的時間，讓大家看清楚路錫甫的指控論點到底是真或假？是善意或惡意！

Q問：路錫甫大鬧天宮，若把他趕出天國，變成禍害人間，人怎可能搞定呀？為何上帝不把他和一起背叛的黨羽關起來，就不會給天庭和世界帶來無窮困擾了呀！

A答：你說的固然有理，但這樣的話，問題還是沒有解決，畢竟未能證實路錫甫評論是錯的，就把他關起來也不算公義妥當，這樣不是上帝會選擇的作法！其實越是難搞的問題，越考驗上帝的智慧與真性情。多數情況下，處理棘手問題往往不是因為智商問題，而是看一個人有沒有用心面

對問題。上帝有情有義，祂必會設法圓滿這件事。我們發現，上帝似乎要透過被造的人與上帝合作，來表明路錫甫控訴的無理，同時顯明上帝公義與愛的本性。

問題三、如何讓人參與揭發路錫甫的陰謀大計？

問：什麼？要透過人嗎？為什麼上帝品格的公義與愛得透過人來呈現？

答：上帝的愛與公義並不需要藉由人證明，但在撒但惡意孤行散播錯誤攻擊信息時，神就藉由撒但的攻擊來證明愛與公義的事實。因為愛與公義的品格需要有受眾，不能以上帝獨角戲來完成，這品格需要有第三者才能真實存在。但由於天使正處於迷惑與觀望中，此時不再適合由天使跟上帝一起來證明，所以人類正是可以與神一起完成這特殊任務的時候。

問：所以你的意思是，上帝容許撒但進入伊甸園，藉由蛇來引誘人，是因為這件事可以間接證明上帝的公義和愛嗎？

答：可以這麼說，但上帝的意思倒不是希望始祖犯罪受引誘，若是他們能勝過試探，不但省掉歷代災難麻煩的發生，也可以在人的得勝中，證明上帝愛與公義品格。

Q問：為何人若不受引誘，就能證明上帝有愛和公義呢？

A答：因為路錫甫的控告是「上帝若變成為被造者，不見得能遵守祂所定下的規則」，而人是受造之物，在能力上比天使還低階，若能聽從上帝的吩咐勝過試探，身為更高等的天使就沒理由委屈不遵守神的話，更沒理由說上帝自己也無法遵守自己的規定，如此一來路錫甫的控訴便不攻自破。一旦上帝的公義成立，祂的愛自然也就成立。更何況在伊甸園的生活裡，一草一木、每時每刻，有太多機會證明神的愛，這就不用我贅述了。

Q問：現在我明白了，上帝造人可以顯明祂的愛；人若願意順服祂、勝過試探，更能證明神的要求是合理而公義？

A答：是的，這就好像任何團體都需要一定的規範來管理，而理想的規範會帶來全體與個人長遠的福祉。一套公義的國法或家規，勢必適合人民和子女發展，絕不是為了利用或控制。

問題四、人吃了神禁止的分別善惡果子，如何被用來見證神的品格？

Q問：可是事實是，人在自由的情況下被撒但欺騙引誘，這

樣上帝容許撒但來攪局，不就壞了事，造成嚴重後果嗎？

A答：其實給對方自由，愛才真實。且愛是會成長的，成長過的愛會更安全、更可靠。但相對的，就要先願意付出代價，給予對方自由來發展愛與信任，所以也極有可能被誤用而導致背叛。為此，上帝也得參與面對問題、解決問題、收拾殘局，並提供一個救人的計畫方案。

Q問：那為什麼不乾脆讓亞當夏娃為罪死去，重新再造人，這樣不更簡單容易得多？人類也不需要一起受苦了。

A答：若是這樣，罪所帶來的結果就不會被認清。撒但背叛上帝，牠提出似乎有理的控訴，讓大家一時分辨不出誰對誰錯，也看不出牠的惡意。人犯錯時，上帝立刻處理，只會讓人看見上帝的嚴厲，上帝無法接受不聽祂話之人存在世上，以為僅僅吃個不准吃的果子就得死，上帝的品格就會被誤解，進而被扭曲成心胸狹小、不容異己、唯我獨尊、嚴厲又恐怖的暴君。所以有些事要懂得沉得住氣，也要有實力，讓時間證明其事實。

Q問：原來是這樣呀！也就是說上帝「不急著吃棉花糖」，目的是為了讓人看清罪帶來的災難，才能認清罪的可怕。

A答：是的，同時大家才能認清路錫甫是在惡意攻擊上帝。

Q問：那麼前面提到上帝預備了「救贖計畫」是嗎？請說明一下，為什麼救贖計畫能證明上帝的公義與慈愛本質？

A答：應該這麼說，救贖計畫本身不是為了證明上帝的品格才做的，而是上帝本來就得解決問題，如同一位父親或母親救自己的孩子時，不是為了證明自己有愛，而是愛促使他們這樣做。一個真實有愛、負責任的上帝，在自己所造的人犯錯闖禍時，自然會出面處理；直接銷毀再造固然容易，但這種處理也是最沒有愛、沒有能力，也最不需要智慧的做法，甚至可說是逃避的做法！

Q問：說的也是，把瑕疵品直接銷毀再造新品最省麻煩，也最不需傷腦筋。但若有愛的關係，就不能輕言放棄，總要想方設法才是負責任。厲害的老師不是只能教聰明、乖巧、優秀的學生，畢竟頂尖的學生誰教都會頂尖，沒什麼了不起；但若能把被放棄的學生教成頂尖，就真是了不起了！

A答：其實在上帝救人的計畫裡，有些重點需要特別了解：

❶耶穌以受造者身分遵守上帝的規律

耶穌上帝以人的身分、血肉之軀來經歷出生到死亡的歷

程，這安排正好回應撒但當年控告：若上帝成為被造者也無法遵守祂自己規定的律法。耶穌在世道成肉身，就是具有人的限制、軟弱與需要，但他沒有犯罪，藉以表明上帝成為受造之軀，成為比天使更低階的人類，仍可以靠上帝的力量遵守主道、不犯罪，相對高階的天使，便沒理由做不到。

❷道成肉身在人間

耶穌成為人的樣子，能明白人的難處、體恤人的軟弱，又足以作人的榜樣。而人也可以學像耶穌，靠上帝的力量勝過各種試探。如經上所說：「因我們的大祭司並非不能體恤我們的軟弱。他也曾凡事受過試探，與我們一樣，只是他沒有犯罪。」**(希伯來書4：15)**

❸為愛犧牲

人所崇拜的諸神之中只有耶穌為人而死，祂這樣做不但能救世人，更顯明祂的愛是何等偉大，不像撒但所控告：「上帝不是真愛，我們聽話祂才愛！一旦我們犯罪祂就懲罰甚至使人死亡。」撒但處心積慮在耶穌為人的階段，藉由猶太宗教領袖及門徒猶大要致死耶穌，更凸顯撒但的動機乃是惡意的攻擊、趁人之危，並非追求公平正義。

Q問：耶穌既然之後還會復活，那死不就是短暫的？

A答：所以信祂的人「不至滅亡，反得永生」是不是也會復活？一旦人能復活得永生，那麼死亡及過去在世的日子是長是短、是貧是富、是喜是悲、是高是低，都已不重要。因為復活永生，同享上帝預備的福樂，讓人一點也不在意以前世上發生的事！耶穌知道會再復活，這是憑著信心；而每個信祂的人既已被告知這項應許，也應當有一樣的信心！

Q問：既然會復活，那麼耶穌為人犧牲，還能叫作犧牲嗎？

A答：這就要從更深入的方面來談：

❶神面對死亡的弔詭處境

當耶穌要為人的緣故真實死去，就是真的失去存在的所有功能。既然如此，若父上帝沒有使耶穌復活，他是不能復活的。所以耶穌所喝的這苦杯，是真真實實地為愛而死，若沒有上帝召喚復活，就可能永遠死亡。就像跳傘一樣，這傘照理是應該能開傘的，但萬一傘不開了，就死定了！我們人都有一死，這很公平，也得認命；可是神不一樣，神原本不死，也不可能死的，如今卻要為人而死！這其實是奧秘，難以理解，但耶穌真的為我們做了！

❷與父神的隔離

我們無法體會的兩方面，一是難以體會耶穌承擔我們罪的
難受！我們在罪中已經習慣，不像耶穌得背負罪名，好像
貞潔烈士被汙名為叛賊淫夫，又不願申辯！另一方面是，
對天父和聖子耶穌而言，最大的難受、痛苦，是因為擔當
了人的罪而彼此隔離，這種隔離是祂們之間在無窮歲月中
不曾發生的事。在客西馬尼園的禱告中，我們深刻感受到
耶穌面對苦路的掙扎。當然，對肉身耶穌而言，眾叛親離
很苦、被帶著釘子的鞭繩抽打羞辱很苦、被掛上十字架很
苦，但因著罪的緣故與天父隔絕，才是苦中之苦！這正是
耶穌所謂的「苦杯」。我們試著想像一個處於分娩之痛的
母親，此時若再得知丈夫離她遠去甚至死去的消息，將使
她痛不欲生，相較之下生產之苦便算不得什麼。這比喻可
能不算恰當，只是試著幫助我們想像耶穌的痛點，是在於
與父神隔絕。對於我們這些與上帝隔絕習慣的人類而言，
是無法體會有什麼好痛苦的，或許等到我們在新天新地與
上帝恢復關係後，才能明白當年耶穌為什麼覺得離開上帝
是件極其痛苦的事，甚至不容許任何事阻擾我們回到主的
懷抱。

藉由上述的救贖計畫可以看出，上帝不但想救人，也同時顯
明祂的主要品格是愛與公義。當撒但控告上帝不公，認為上

帝即使自己成為人也無法遵行這些律法,直到耶穌道成肉身、降世為人,並能遵守上帝的誡命,便證明了撒但的控訴是惡意,不是事實。

公義、榮耀的上帝 救贖之愛的上帝

撒但不滿上帝、指控上帝,是出於內在欲求不滿的問題。牠想受到尊敬,就嫉妒上帝受到尊榮;牠想獨大,就無法接受基督被尊崇;牠希望眾生都愛慕牠,卻又做不到,因為上帝存在,撒但就沒有餘地。

關於上帝與撒但爭戰,聖經人物中最具代表性的人物還有約伯。約伯似乎很無辜,莫名遭到撒但攻擊,可是撒但也的確得到上帝的批准。撒但除了質疑約伯的忠誠是因為上帝讓他富裕安康,若挪去這些安逸,他便會離棄上帝;牠還想間接對付上帝,指出上帝表面是慈悲的形象,其實想做好人(神)得到人的尊崇,以滿足慈愛公義的虛榮;另一方面撒但又想否定人(和一切受造者)會真心愛上帝、順從祂!然而約伯在遭受無妄之災後,並沒有如撒但預期離棄上帝,即使處在無辜不解的光景中,亦不讓苦難影響他對神的敬仰。約伯的表現讓上帝在善惡之爭中又贏了一回,並凸顯了撒但的惡意!

上帝容許撒但藉由蛇進到伊甸園試探先祖、約伯成了上帝的

助攻員,「我們成了一臺戲,給世人和天使觀看。」人類歷史
最終成了印證上帝品格的證明:忠心的兒女成為上帝的神助
手,最終得到永生冠冕為獎賞;而不義、拒絕神的豬隊友,將
失去這些特權,得到毀滅的終局。

接下來的章節,我們將繼續以不同聖經故事,探討如何透過
更好的方式跟隨神、走義路!

第一章：源起於伊甸園——善惡樹下的對決

第二章

愛恨一念間
——EQ情商
的思路

人的情緒會引發難以想像的動力，例如愛與希望令人興奮高昂；而仇恨、嫉妒、自卑、絕望、羞辱感等負面情緒則會造成強大的傷害動機。

本章我們將借助幾位聖經人物作為輔導對象，以對話協談的方式和這些當事人聊聊。在演練中會先舉出一個錯誤示範、探討其錯誤原因，之後則提出正確示範，同時講解正確的處理方式。希望透過這些聖經人物的故事，鍛鍊自己解讀與處理問題的能力，將來也有機會幫助受困求助的人。

該隱的殺機一念間

很難想像上帝造的人類第二代就涉及謀殺案，而且還是親兄弟！如何下得了手？或許那時還不知何為謀殺吧！但這個故事發生的情緒思慮，的確是真實呈現了人類相同的生性脈絡。以下我們將各別與這對兄弟談談，試著引導、化解他們面對生活上的困擾。

WHAT THE BIBLE SAYS

有一日，該隱拿地裡的出產為供物獻給耶和華；亞伯也將他羊群中頭生的和羊的脂油獻上。耶和華看中了亞伯和他的供物，只是看不中該隱和他的供物。該隱就大大地發怒，變了臉色。耶和華對該隱說：「你為甚麼發怒呢？你為甚麼變了臉色呢？你若行得好，

豈不蒙悅納？你若行得不好，罪就伏在門前。它必戀
慕你，你卻要制伏它。」該隱與他兄弟亞伯說話；二
人正在田間。該隱起來打他兄弟亞伯，把他殺了。

創世記4：3－8

該隱轉變恨意 亞伯助人救己

該隱：實在沒道理，讓我真是氣不過！上帝做事應該有慈
悲大愛，哪有這麼偏心的？若是普通人或小妖精就算了，
身為造物者做事怎麼可以這樣不公平呢？

友伴：什麼事讓你這麼發火？看你氣成這樣，趕快跟我說
說唄！

該隱：你來評評理，我認真耕種的果實和農產，真誠拿來
獻祭給上帝，沒想到上帝竟然不喜悅我獻的，只喜歡弟弟
亞伯獻的羔羊！我的工作是農夫，亞伯是牧羊人；我獻的
是蔬果，他獻的是羊羔，各獻各的出產，都是真心獻上，
哪裡錯了嗎？為什麼只有他的被上帝看中，我的就不被看
中？很沒道理耶！

友伴：嗯，你覺得上帝沒看上你誠心誠意、努力而來的獻
祭，讓你很不滿，也很不理解，這一切讓你很生氣是嗎？

此為典型同理心對話，輔導者在聆聽過程把受輔者發生的事情梳理好，並將他的情緒表達出來，會讓受輔者有被理解的感覺，願意信任輔導者也願意繼續談話。

該隱：對呀！你不覺得這樣很不公平嗎？越想越氣，我現在看到亞伯就想起獻祭的事，一肚子火！憑什麼他獻的羊就比我獻的農產好？上帝也沒解釋，起碼要說個原因呀！

由於前面輔導者透過同理心重述受輔者心情，讓他覺得有人聆聽、心中不平與委屈有人了解，而不是一人孤單承受，因此能引發他表達更多感受。

友伴：這樣聽起來，我覺得你倒是蠻在乎上帝對你的看法，你很希望得到祂的悅納吧？而你弟弟因為得到肯定，讓你對上帝的氣憤轉到你弟弟亞伯身上，是嗎？你覺得他若沒有獻祭，就不會跟你競爭，使上帝選中他的祭品，讓身為哥哥的你沒面子，是這樣嗎？

第二層次的同理心，就是把當事人也沒注意到的深層動機陳述出來，引導他將注意力從別人身上轉移到自己，這樣就能降低憤怒，以理性面對問題。

該隱：嗯，是的，我有這樣的感覺。我覺得上帝不公平，好

像我比不上亞伯，這讓我感到很丟臉、很生氣，可是又不知該怎麼辦！所以就來找你聊一聊，吐吐苦水！

友伴：嗯，這樣講出來，大家一起出點主意，你心裡也會好過些吧！那我問你，如果上帝不但悅納亞伯的祭，也悅納你的獻祭，你是不是就會開心一點，也沒那麼不舒服了？

以提問方式偵測對方真正在意的事，而不直接指正，因為太直接會引起對方的防禦逃避。提問和假設能幫助對方思考判斷，藉此凸顯隱藏的心念、反省自己的內在動機。

該隱：當然是呀！我生氣不是沒理由的。就像你說的，可能我很在乎上帝的看法吧，否則也不會這樣不高興呀！

友伴：是的，我了解。若是這樣，我想問你，你覺得亞伯有錯嗎？

求助者往往只顧自己看到的角度，此時需要有人提醒他用不同角度看事情。

該隱：嗯……他是沒有錯啦，可是……

友伴：可是若只有他的祭被看中，他就變得很討厭是嗎？

49

這樣的問話方式在輔導上稱作「面質」，就是當面質問，讓受輔者直接面對問題或自己。

該隱：是啊！

友伴：那要是你們兩個獻祭都不被上帝悅納，是不是會讓你好過一點？

再次用假設方式偵測對方內在動機，讓對方面對真實情況無所遁形！

該隱：這個嘛……如果我們都沒被上帝選中……心理的確會比較平衡一點。

友伴：所以可以這樣說嗎，你在乎的重點不是上帝對你的喜悅，而是你跟亞伯之間的比較！你可以接受一起被悅納，或一起不被悅納，或僅僅悅納你，但就是無法接受只悅納亞伯，會是如此嗎？

該隱雙眼盯著友伴，聽完低頭沉思，接著開始點點頭，似乎看到自己的問題了！友伴接著說。

友伴：先別說你，單就亞伯的獻祭能被上帝悅納這件事，你認為這是好事，還是壞事？

啟動對方的理性思考，才能引導對方冷靜面對問題。

該隱：亞伯的祭能被上帝喜悅，這當然是好事囉！**(雖然說得很不情願!)**

友伴：你會因為亞伯做好事、被上帝悅納而開心嗎？還是你寧願他做得不好、不被悅納呢？

許多人只糾結跟自己利益衝突的點上，若能引導他回到較高的是非理念層次，便容易理出適切的看法。

該隱再度陷入沉思……，友伴繼續詢問。

友伴：你覺得上帝不公平，應該只氣上帝才是，為什麼對亞伯也感到憤怒呢？你覺得亞伯做錯什麼？或是他哪裡得罪你讓你生氣？

這些問題都在逼當事人釐清自己欠妥當的判斷。

該隱：他是沒做錯什麼。

友伴：但你也生他的氣是吧？

該隱：是的，因為他的獻祭被上帝接受，而我的沒有！

友伴：那你覺得下次該怎麼做才能得到上帝的悅納？

　將注意力轉向正確且能解決問題的方向。

該隱：嗯，我有猜到一個可能性……

友伴：哦？那是什麼？

該隱：要獻牲畜，一歲潔白的小羊兒，這是我父母一直以來的作法！

　有時候當事人可能知道正確的處理方式，卻因為一時面子的問題或利益虧損，憤憤不平想為自己找到正當理由。

友伴：可是你不是養羊的，怎麼獻羊呢？

　引導他開始實際解決問題。

該隱：可以的！我曾經用我種的農產與亞伯交換羊，有時為了羊奶、有時為了取得皮毛做衣服。還有他的羊曾經吃了我的青菜、果樹，也用羊賠償我。

友伴：若是這樣的話，你覺得可行嗎？

確定對方真心接受解決方案，讓他表達意願，而不是勉強壓抑自己。

該隱：嗯，我想可以的。我之前因為一時不服氣太衝動，也沒冷靜想想。既然獻祭是要得到上帝的悅納，就應該照著祂的意思，不是照著我的意思，甚至還把氣轉向亞伯！經你這樣說，我才發現自己太不理性，實在不該這樣。我以後要好好注意自己的情緒，不要再這麼衝動了！

友伴：其實你也很愛上帝，所以才會這麼在乎這件事，只是你更愛自己，只想用自己的方法做事！當你發現上帝並沒有悅納你獻的祭時，就認為上帝不悅納你。接著你心裡起了變化，認為既然上帝對你不公平，你就不需要做令祂喜悅的事，因為上帝既然對你不義，休怪你對祂不仁！你把氣轉向亞伯，一方面嫉妒他的祭物被上帝看中，若沒有他的獻祭就不會讓你難堪！所以你想報復他，以消心頭之恨。事實上你最想報復的，不是亞伯，而是上帝。

透過對人性的了解，將該隱的心態生動陳述出來，取代令其難堪的說教方式，透過分析讓他自己看清事實並進行反省。

該隱十分驚訝！

53

該隱：為什麼你說我其實是在報復上帝呢？我會這樣嗎？

友伴：因為你無法對付上帝，所以轉而攻擊亞伯，你內心認為，能除掉亞伯就能傷上帝的心！你清楚知道亞伯沒得罪你，是上帝得罪了你。你認為上帝既然不喜歡你，就不值得你繼續向祂投以忠心和信任。問題是你沒辦法反擊上帝，所以你以傷害亞伯來傷害上帝。

> 這樣的心態相似於路錫甫對付上帝的手法，藉由傷害或誤導被造人類，打擊上帝的心。

該隱從驚訝轉為憂傷……

該隱：我真是這樣嗎？我為什麼會變成這樣呢？這樣講起來很像是真的！那我不就變得很可怕了嗎？

> 輔導的工作往往要讓受輔者有自覺，才會認同自己需要被醫治。

友伴：可不可怕，要看你接下來往哪個方向走！你若是繼續把上帝當作假想敵、跟祂作對，就會想要傷害別人、保住自己的地位。若是這樣，你會變成一個冷酷無情、唯我獨尊的人，搞到大家怕你、討厭你，最後連你也會討厭自己、覺得自己很失敗。明白嗎？你希望自己變成這樣嗎？

🙂 清楚地陳述對方實際狀況，讓對方感到情況嚴重，引起改變的意願。

💬 **該隱：**我不希望這樣，那我該怎麼做呢？

💬 **友伴：**其實你知道自己該怎麼做。我想先問你，今天的談話對你有幫助嗎？幫助在哪裡？

🙂 引導者不只給答案教他怎麼做，還要讓當事人學習找出選擇與做法，才會有所成長。

💬 **該隱：**有的，我覺得蠻有幫助的。本來我認為上帝偏心、對我有成見，因此也把氣轉向亞伯，以為若沒有他，我就不會這樣難堪。其實平常家裡的食物都是父親跟我耕種來的，我覺得亞伯貢獻不大，漸漸的我越看他越不順眼，獻祭的時候也不想開口跟他要一隻羊，這樣好像我在示弱，需要他的幫助。現在我知道是自己心態不平衡的問題，不是上帝偏心，因為從小到大，我就看見爸媽獻祭時的祭物是羊羔，是我自己不願意求助於亞伯，用農產跟他換羊。想想我一直都用自己的方法做事，不太在意別人的想法，所以忘了這是獻祭，獻給主的，就應當照祂的意思，不是照我自己的想法。只是我不明白，獻祭給上帝一定得獻牲畜，獻農產就不行？我獻上自己栽種的果子，以為上帝只

55

要看到我的心意就會悅納，沒想到還是不行！

🙂 讓當事人自敘、解析內在狀況，同時檢討反省，甚至開始體諒別人，這樣的自覺便是治癒的開始。

💬 **友伴**：這樣呀！你有聽父母談過嗎？

💬 **該隱**：有是有，可是不是很明白！他們說原本人住在伊甸園，自從吃了上帝禁止的善惡果後，發現全身是赤裸的、遮蓋自己的榮光不見了，只好用葉子遮住。後來上帝用羊的皮毛做衣服給他們穿上，從此之後獻祭便開始用羊。但是殺羊挺殘忍的，每到這個時候我們全家都十分掙扎糾結，爸在殺羊時，我們都不忍心看，爸媽獻祭的時候猛掉淚，弄得亞伯和我也跟著哭。

💬 **友伴**：你的心還是很柔軟、很善良的！

💬 **該隱**：所以後來我自己想了一套方法，認為人應該走自己的路，獻祭只會讓人悔不當初。而且再怎麼獻祭，生存還是得靠自己努力，漸漸的我對上帝的事就沒有多加關注，更不在意獻祭的事了。

💬 **友伴**：原來是這樣！難怪你會用農產獻祭，看來你心裡沒有真正在意上帝的旨意，就用自己的做法，我這樣說對嗎？

該隱：嗯！是的，你說的沒錯。因為心裡累積了很多不平衡、好多埋怨，覺得上帝要我們殺生獻祭沒必要，也覺得爸媽活在過去的悔恨沒必要，加上家裡的飲食都是我和爸爸努力耕種供應的，獻祭農作物應該沒什麼不行。結果上帝真的太不通人情了！明明我平常也貢獻很多呀！後來越想越氣，甚至腦裡出現想把亞伯殺掉像殺羊那樣的念頭。不過今天跟你談過後，帶給我很多反思，我也不再那麼生氣難過了。

友伴：很好，那麼現在你覺得哪些方面可以改善？

談話結束前需作出具體可行的改善計畫，較能發揮輔導的實際作用。

該隱：我的情緒容易衝動，以後應該考慮清楚再行動，或用不同角度看。還有，我跟家人的互動關係不是很密切，尤其很少跟亞伯談話，因為我認為他是那種聽話卻沒自己想法的人，所以不太喜歡他。現在我覺得不應該這樣，要開始跟他多互動、友善對待他。

友伴：你能面對問題真好！我在想，你也可以多跟上帝互動，像你若不了解為什麼獻祭得殺生獻羊？上帝對你身為長子有什麼期待？如何改善脾氣？這些都可以詢問上帝，

57

看祂對你有何建議。

該隱：好的，我明白了，你的建議都很實際，我應該都做得到，我會嘗試這麼做的。謝謝你花時間陪我聊，對我很有幫助。我應該常來找你談談、討論想法，這會讓我想通許多事，非常感謝！

友伴：不客氣，很高興對你有所幫助。我很樂意跟你談談的，隨時歡迎你！

適切地提問帶來勸戒果效

對於情緒偏激、負面的求助者，一開始他會陳述自己情緒低落或激動的原因。此時若有人能靜靜聽他陳述抱怨，便能讓他感到被關心、被理解，這樣的聆聽對他而言就很有幫助了。此時不需跟他講大道理或指正他的錯，這會讓他感覺自己好像很不懂事、有被貶抑的感覺，甚至容易引起他的辯解與對立，這樣的談話並不會帶來正面效果。因此建議以對話方式代替糾正，像是前面友伴與該隱的互動，即是以問答方式引導受輔者釐清問題、面對問題、解決問題，受輔者在釐清思緒、恢復理性後，更能自己注意到過去沒發現的盲點，例如：

友伴：如果上帝不只悅納亞伯的獻祭，也悅納你的，是否

能讓你開心一點？

友伴：你覺得亞伯有錯嗎？

友伴：要是你們兩個獻祭都不被上帝悅納，是不是會讓你好過一點？

友伴：你會因為亞伯做好事、被上帝悅納而開心嗎？還是你寧願他做不好、不被悅納呢？

友伴：你覺得上帝不公平，應該只氣上帝才是，為什麼對亞伯也感到憤怒呢？你覺得亞伯做錯什麼？哪裡得罪你、使你生氣？

這些問題都是輔導者引導對方發現思考盲點的方式，而不是指責。這不但有助於使受輔者面對現在的困擾，也能幫助他鍛鍊未來思維及看事情的角度，將來才有能力自行解決問題。不過這些有效的啟發式提問都需要經過反覆練習，才能問得有意義、切中重點、引出思考。以下我們便再就弟弟亞伯這一方來對話，透過友伴的引導，讓他面對該隱可能帶來的傷害。

友伴：亞伯你好，最近是不是有事情困擾你，想跟我談談嗎？

亞伯：對啊，有件事情讓我蠻難受的，不知道怎樣做比較好。

友伴：你說說看，什麼事情讓你困擾了！

亞伯：最近我跟該隱準備獻祭給上帝，因為從小看著爸媽獻祭，現在我們想自己來，於是我從羊圈挑出一隻可以獻祭的羊。而該隱是農夫，沒有羊，我問他要不要給他一隻羊作為獻祭之用？可是他拒絕了，他覺得獻祭不一定要獻羊，只要真心，心誠則靈，所以他決定用自己種植的農產當祭品。

友伴：這樣呀！好像蠻有道理的喔！他用親手栽種的農產獻祭；你用你牧養的羔羊獻祭，各自用勞力得來的作祭物，應該挺不錯的吧！

亞伯：當時我聽他這麼說，本來覺得不妥，因為從小到大，父母的獻祭都用羔羊，從來沒用過別的，可是我看該隱說的也有道理，就沒再說什麼了。

友伴：那結果呢？上帝接受了嗎？

亞伯：並沒有！上帝喜悅我獻的祭，並沒有看重大哥的，我看他一臉不高興，好像很不服氣的樣子。

友伴：是啊，你哥那脾氣，自尊心重、愛面子，這回你的獻祭蒙上帝悅納，他卻沒有被賞識，一定很不開心呀！

亞伯：就是這樣，他心裡很悶，也不理人。

友伴：所以你很擔心你們倆關係會變糟，也怕他因為衝動做出一些不好的事，對嗎？

亞伯：對啊，他悶在心裡，我也不好跟他說些什麼，而且看他正在氣頭上，我怕越描越黑。

友伴：不過若沒有人去關心他、跟他談談，他會不會更鑽牛角尖、越難走出來呢？

亞伯：我要是能幫他就好啦，可是也不知道該怎麼幫呀？

友伴：那我問你，在怎樣的情況下，該隱就不會憤怒？

亞伯：嗯……如果他獻的祭也能被上帝悅納，也許就不至於如此吧。

友伴：那怎麼讓他獻的祭蒙上帝喜悅？

亞伯：除非他也獻羔羊才有可能呀！

友伴：嗯，那你覺得有什麼辦法讓你大哥獻羔羊呢？

亞伯：我把羊給他，讓他獻。

友伴：你覺得可行嗎？

亞伯：可以試試啊，只是不知他願不願接受？

友伴：你覺得怎麼做才會讓他接受？

亞伯：他愛面子，若是感覺我在幫他、施捨他，他一定不會接受的。

友伴：那麼有什麼方法不會讓他有這種感覺呢？

亞伯：其實他平常對家裡的貢獻比我還多，有時候我養的羊群，還吃了他辛苦種的菜，所以他會生我的氣。我可以拿幾隻羊給他，就說這是要謝謝他平常的忍耐，讓他做幾件衣服穿，也可以作為獻祭之用，這樣他就收得合情合理，獻祭也就不成問題了。或許這是能同時顧及他面子，也能讓他照著上帝喜悅的方式去做的權宜之計！

友伴：這樣聽起來挺好的呀！對了，你哥的情況爸媽知道嗎？是不是也能讓他們一起關心、開導他？也許多些人一

起參與重建他的心思，對他會有多幾層的保護與助力。

亞伯：是的，這是一定的，我想我可以跟父母討論這件事，讓這次的危機變成轉機，順便透過這次機會建立家人的向心力，改善過去缺乏交心溝通的氣氛。謝謝你今天跟我聊，讓我清楚該怎麼做了。

友伴：不客氣，趕快去行動吧，咱們下回再聊啦！

從聖經的記載來看，這則兄弟殺害案件是令人震撼且遺憾的史上第一宗命案，也可說是人類「第一家庭」的人倫悲劇！當我們回顧這椿憾事時會發現，和現今社會一樣，造成悲劇的人物並非窮凶惡極的壞蛋，無論是加害者或是受害人，若能受到適當的引導，即有可能提早逆轉悲劇，而這也是我們嘗試練習的目的。上述友伴透過對話與提問、引導對方發現盲點、突破原先膠著的思維狀態，如此對談其實不太困難，大家不妨多試試練練，或許有一天能挽救一場災難也不一定！

第三章

紛爭也能出現
新幸福

紛爭事件不斷發生，其後果輕重不一，多數都帶來虧損傷害。耶穌在山上曾分享八福的信息，其中之一是：「使人和睦的人有福了！因為他們必稱為上帝的兒子。」**(馬太福音5：9)** 是不是真能稱為上帝的兒子，這倒是較難具體感受，但使人和睦的確是很有價值的事，也是頗具難度的技術，它需要勇氣、溝通協商能力，更需要時機，有時甚至會無端捲入風波，遭到池魚之殃。畢竟清官難斷家務事，任何紛爭都有其難斷之處。雖然如此，只要握有適當的溝通方法協助調停，仍有可能轉變情勢、化干戈為玉帛。這讓人想到大衛詩篇133篇所說：「看哪，弟兄和睦同居是何等地善，何等地美！」這裡的「同居」原文有「坐下」之意，就像我們常說「有話坐下來好好談」，有著和睦相處的意思。

聖經原則看得見 善於應用智慧現

聖經關於生活方面的教導多是原則性的、理想性的，較無具體說明方法與步驟，故事也僅只大略記錄一下，並未分析如何像歷史中人做得對、做得好，或是點出做錯者的問題在哪、如何避免？這些便得透過讀者或解經者加以揣摩推敲而得。其實在信仰群體裡最常教導的辦法是「多禱告」、「依靠神」、「憑信心」、「神會帶領」等話語，認為做了這些，上帝便會自動讓問題消失不見，福氣會自動上門似的！

因此這也使得信仰者對外報喜不報憂；對內避重就輕以成功個案來洗腦、支持自己信仰上帝，但對問題的應付能力卻一點都沒有增強，這樣的信仰終究會失能而不具影響力。也就是說，「弟兄和睦同居是何等地善，何等地美」這概念大家都懂，但還不夠，要知道怎樣做才行！

本章我們再透過兩個故事來探討紛爭的處裡方式：亞伯蘭與羅得的僕人因牧羊時爭井水決定分開；保羅與巴拿巴在宣教時，因著是否讓馬可同行而意見分歧分道揚鑣。這兩個個案雖然都是和平分手，算是成熟的案例，但是若仔細探討，便發現其中作法仍有待商榷，值得讀者進一步學習與操練。

亞伯蘭與羅得的紛爭與和平

亞伯蘭這位長輩舅舅願意謙讓晚輩姪子羅得，讓他優先選擇牧場草原，雖然有異於長幼有序、先後有規矩的傳統價值，仍屬難得的榜樣。聖經創世記第13章記載如下：

WHAT THE BIBLE SAYS

亞伯蘭帶著他的妻子與羅得，並一切所有的，都從埃及上南地去。亞伯蘭的金、銀、牲畜極多。他從南地漸漸往伯特利去，到了伯特利和艾的中間，就是從前支搭帳棚的地方，也是他起先築壇的地方；他又在那裡求告耶和華的名。與亞伯蘭同行的羅得也有牛

群、羊群、帳棚。那地容不下他們；因為他們的財物甚多，使他們不能同居。當時，迦南人與比利洗人在那地居住。亞伯蘭的牧人和羅得的牧人相爭。亞伯蘭就對羅得說：「你我不可相爭，你的牧人和我的牧人也不可相爭，因為我們是骨肉。遍地不都在你眼前嗎？請你離開我：你向左，我就向右；你向右，我就向左。」羅得舉目看見約旦河的全平原，直到瑣珥，都是滋潤的，那地在耶和華未滅所多瑪、蛾摩拉以先如同耶和華的園子，也像埃及地。於是羅得選擇約旦河的全平原，往東遷移；他們就彼此分離了。亞伯蘭住在迦南地，羅得住在平原的城邑，漸漸挪移帳棚，直到所多瑪。所多瑪人在耶和華面前罪大惡極。

創世記13：1–13

雖然透過上述經文看到，長輩亞伯蘭謙讓晚輩羅得，先選有利於己的草原、水源，但從故事後來的發展看來，這樣的分離並不見得以喜劇收尾：

WHAT THE BIBLE SAYS

四王五王戰役：

於是所多瑪王、蛾摩拉王、押瑪王、洗扁王，和比拉王都出來，在西訂谷擺陣，與他們交戰，就是與以攔王基大老瑪、戈印王提達、示拿王暗拉非、以拉撒王亞略交戰；乃是四王與五王交戰。西訂谷有許多石漆坑。所多瑪王和蛾摩拉王逃跑，有掉在坑裡的，其餘的人都往山上逃跑。四王就把所多瑪和蛾摩拉所有的財物，並一切的糧食都擄掠去了；又把亞伯蘭的姪

兒羅得和羅得的財物擄掠去了。當時羅得正住在所
多瑪。

創世記14：8–12

燒滅所多瑪城：

當時，耶和華將硫磺與火從天上耶和華那裡降與所
多瑪和蛾摩拉，把那些城和全平原，並城裡所有的居
民，連地上生長的，都毀滅了。

創世記19：24, 25

現在就讓我們回頭檢討事發原因與解決方案：

亞伯蘭的牧人和羅得的牧人相爭

透過前述經文我們進一步想像，牧草與井水的安排原本是一
件不算困難的事件，至少不是主人間的互鬥，只要兩位主子
協調好方法、交代僕人照著做，事情應該可以解決，不用分
開，例如：

解決方式❶ 飲水分時，另鑿水井

牧羊需要飲水，各按所定的時辰來喝水，還可另闢新水
井、開發新水源，以供兩方羊群需要，以避免爭執。

解決方式❷　吃草分區，牧區輪流

牧草區可事先劃分，並採輪流制，肥沃草區大家輪流使用，可每天輪流，或數天輪流。草區消耗之後若需挪移，兩家可一起挪至新草區。

解決方式❸　僕人教育，文化建立

在多數情況下，若有誤會磨擦發生，不是每次都可用分道揚鑣來解決，往往還要繼續待在同個屋簷下，例如家人、公司同事、社區鄰居、一同聚會的教會弟兄姊妹等。若希望紛爭不要繼續擴大、相安無事，怎麼調解就是門學問。以這個案例來說，其實可以透過對僕人、牧羊人進行團隊訓練，包括態度修養、溝通能力、靈機應變等，兩隊人馬也可經常聚集交誼，建立信任關係。

不過徹底分手的確有些好處，除了可避免經常爭地爭水、牲口混在一起分不出是誰家的情況，分開也能讓羅得自主發展畜牧事業，一展自己的真本事。但雙方選擇分開後，還是應該做些事來避免羅得一家因疏遠而落入危險之中：

❶週期性相聚，維繫關係與造就

聖經要我們「不要停止聚會」(希伯來書10：25)，是有造就

性的聚會,用來維繫關係、建立友誼信任、勉勵信仰忠心、針對生活問題討論與解決。若亞伯蘭與羅得兩家成員能經常聚集,則可預防錯行試探和危險發生。

❷牧區相距不過於遙遠

當時有好些異邦、異教族群各據一方,若兩家相距漸遠,難免照顧不及、危機四伏。所以即使分開牧區,也不宜相距過遠,若有意外發生,彼此關顧救援還能趕得及。

本段反思提問

關於亞伯蘭與羅得的牧人因牧羊的草與井水相爭,他們最後選擇分道揚鑣。

❶長者讓晚輩先選擇草地,你認為這是基於什麼想法?若上位者這樣待你,你感覺如何?你曾遇過這種人嗎?

❷僕人因牧養的草與水源紛爭,你建議如何解決這類紛爭?

❸羅得家與亞伯蘭家分開後有何利、弊?

❹若選擇分開,哪些措施可避免分開後可能發生的問題?

❺若決定不分離,要如何避免相處的問題?

保羅、巴拿巴、馬可的「三角關係」

這個故事是早期教會歷史的一段小插曲。故事背景在第一世紀，門徒一方面受到猶太人與羅馬人的打壓限制，另一方面也積極到各地佈道。保羅早期曾逼迫基督徒，認為他們是異端邪教，後來受耶穌指引成為基督的跟隨者，並因巴拿巴的出面擔保，被教會其他人認可，兩人逐漸成為當時教會的領袖，更是佈道宣教時相互照應的搭檔夥伴。但在一次旅行佈道時，巴拿巴的表弟馬可 **(經文中的約翰)** 卻脫隊離去，造成保羅與其他成員的困擾：

保羅和他的同人從帕弗開船，來到旁非利亞的別加，約翰就離開他們，回耶路撒冷去。
使徒行傳13：13

我們要探討的是隔一段時間之後，保羅建議再次走訪之前建立的教會，在募集同行成員時與巴拿巴有了衝突，因為巴拿巴希望再次給馬可機會，而保羅卻因馬可上次半途而廢，反對他再加入。

過了些日子，保羅對巴拿巴說：「我們可以回到從前宣傳主道的各城，看望弟兄們景況如何。」巴拿巴有意要帶稱呼馬可的約翰同去；但保羅因為馬可從前

> 在旁非利亞離開他們,不和他們同去做工,就以為不
> 可帶他去。於是二人起了爭論,甚至彼此分開。巴拿
> 巴帶著馬可,坐船往塞浦路斯去;保羅揀選了西拉,
> 也出去,蒙弟兄們把他交於主的恩中。他就走遍敘利
> 亞、基利家,堅固眾教會。
>
> **使徒行傳15:36-41**

當時團隊遊走佈道實在不是件容易的事,從費用的預備、行程的計畫、各地方反對者威脅的安全顧慮、各教會的問題處理等,都是要應付的狀況。所以內部同工的合一、獻身精神、成熟度、彼此信任度格外重要。而馬可第一次旅行中途離去的表現,勢必讓夥伴們錯愕、觀感不好,也打擊大家的士氣,難免引來不成熟、吃不了苦、不負責任、不尊重他人、虎頭蛇尾、自私不顧他人等負評,對於旅行佈道的帶領者來說,自然更加擔心這樣的夥伴會影響團隊士氣,甚至使人質疑團隊領導有問題!

以下我們透過不同切角重新模擬,進一步設身處地思考他們面對的情況:

模擬保羅對馬可的感受

保羅: 年紀輕輕就受不了苦,一路走來也沒什麼過重的事讓他承擔,他倒是說走就走,一點責任心都沒有,上帝的工作怎麼可以用這種態度面對?實在太任性了,以後誰還

敢叫這種人做事？動不動就半途而廢不告而別，宣教團隊裡若多幾個這種不牢靠的草莓族，啥都別做了！絕對下不為例！

模擬巴拿巴對馬可的看法

:::巴拿巴：這樣年輕就肯出來參與宣教真是難得，許多孩子都待在家裡，信仰也只是配合家人，這個孩子即使沒有撐到最後，但能跟我們走到這裡已經很不容易了。我相信他選擇放棄，心裡一定很難受、很糾結，畢竟一路走來大家培養了感情與默契，所以要多體諒他。他回去一定會好好反省，將來預備好了必定能為主做更美好的事，留得青山在，不怕沒柴燒，我們別放棄他！

模擬馬可的心情

:::馬可：這趟佈道旅行真是讓我開了眼界，為我的生命帶來很大的翻轉！我曾跟過耶穌，如今又跟著兩位敬佩的前輩：使徒保羅先生，還有表哥巴拿巴先生，我實在太幸運、太感恩了！不過這趟行程也讓我更清楚自己的弱點，真的對大家很抱歉！但我想若再硬撐下去，勢必連累大家更多，所以我需要先回去，好好預備自己，希望大家再給我一點時間，我一定會再回到事奉的路上。願聖靈安慰兩位

前輩的心，讓他們知道在我身上付出的一切，一定沒有白費，若將來我還能被主使用，絕對是因為他們在這趟佈道旅程中給我好榜樣與激勵！

透過上述的角色扮演，可探索到故事中不同人的立場與感受，有助於我們體諒每個人自有其「合理」的思維判斷。你會發現當事人往往不是惡意，但事情卻可能搞到無可收拾。保羅與巴拿巴對於讓馬可回到佈道團隊有不同看法，經過溝通後也起了紛爭。原文的意思是，他們「因此發生了極大的磨擦」(there occurred such a sharp disagreement，NASB)。這讓我們體悟到溝通固然需要，但有時溝通的效果也是很有限的！

溝通後若未達共識，除了選擇分道揚鑣，也可能需要繼續相處，且兩個選項好壞未卜，因為問題尚未解決，歧見還在彼此心中，極有可能一觸即發！其實不論是選擇繼續同工或各自發展，端看大家是否以成熟的態度來回應。聖經記載這兩位教會領袖因意見不同、各有堅持，所以決定分手，各自組隊繼續行程：保羅帶著希拉往敘利亞；巴拿巴帶著馬可坐船往塞浦路斯去。(**使徒行傳15：39－41**)

分道揚鑣後的負向發展

一般而言，爭執後的分手，會繼續延伸負面效應，例如若有人

問起其他夥伴為何沒有同行，被問的人往往趁機好好抱怨另一方的不是，很少人會在這種時候為對方說話。這時就是撒但最容易進到團體製造爭端的時候。

假設保羅到宣教地後的典型負面陳述

💬 **保羅：**巴拿巴他呀，不知是年紀大了還是怎樣，特別頑固！他堅持要帶他那個表弟馬可一起佈道，可是上回帶他一起來，馬可卻半路溜走！每個人恩賜不同，不需要非得遊走佈道才是為主工作吧！把人放在不對的地方，不但發揮不了作用，更會影響周圍的人。這巴拿巴，怎麼說都說不通。

聽到負面陳述的人會有以下幾種反應：

---

❶ 受到影響，逐漸分黨分派

如果聽的人是忠於此領導的超級粉絲，便容易跟他站在同一陣線，一起批評另一陣營，逐漸形成對立效應，未來兩方將漸失信任，對於人與人之間的和諧帶來負面影響。

---

❷ 有見識的人不以為然，反而降低領袖敬重感

有分辨力的人會聽出這位領袖的說詞恐怕是一面之詞，知道他趁機抱怨，心裡便覺不妥，只會雖然表面附和，但

對批評者仍會降低信任與敬重感。

❸負評消息傳至對方耳中，宛如星火燎原

當背後小話傳到對方耳中，將使原有誤解雪上加霜，難以修復。因為人們傳播謠言的過程難免加油添醋，使原本尚有機會化解的問題一發不可收拾。

分道揚鑣後的正向發展

假設保羅到宣教地後的正面陳述

保羅： 巴拿巴實在是個熱心為主工作的好夥伴，很有愛心、很會鼓勵曾經犯錯的人。我們這次沒有一起走的原因是，我認為馬可應該先預備好再加入佈道行程；但巴拿巴認為應該讓馬可做中學、錯中學。我支持巴拿巴可以試試他的主張，所以我們決定分成兩組進行，用主給我們不同的恩賜和方式來工作。我想這樣也可以分頭關心更多教會。如果效果不錯，希望將來能有更多佈道團隊到處建立教會！

保羅這樣子的說法，能讓聽的人有這樣的感受：

❶ 領導者難免意見不同，但他們沒有互相怪罪、惡言相待，

反而互相敬重、繼續努力完成工作，這樣真好！

❷ 有些事情沒有絕對的對錯，如何相互包容更重要！

上司或領導者間難免意見分歧，但他們處裡的方式、態度都是示範，這過程不僅能讓部屬或晚輩看見上位者的人品，更能進一步上行下效，模仿學習。

給巴拿巴的建議

在此我們也建議使徒巴拿巴，若主張給馬可機會回到團隊裡共事，也當負起造就訓練的責任，改善過去的錯誤缺失，讓犯錯的人有機會改過自新，不再重蹈覆轍、繼續虧損。特別是處理較大錯誤時，可以將他的其他問題一併檢討，因為這是他最謙卑的時候。若能加上造就挽回功能的週期性約談，安排適當人選作督導，如此一來，重建此人的機會就更有把握了！

另外有關違紀處裡方面，若有人在職分上犯規違紀，不是僅依規章辦理就完事，還得考慮犯錯性質與影響。即便做了處分，能否改善問題？制裁方式是否帶起不良效應？受制裁者是否有其他不良行為？都得趁此時機一併檢視，因為往後若再提出，難免讓人感覺在刁難、找麻煩。

意見不合後如何繼續同工？

在我們所處的實際狀況中，多數人在紛爭後仍得繼續相處：家人同住一屋簷下，不容易即刻分家分房；上班族還得天天見面，無法輕易換工作。其實好與不好，並非取決於合或分，而是在於如何成熟處理問題與相處。

共處屋簷下的負向發展

團隊繼續合作，若存在不成熟的心態遲早會出問題。因為時間一長，總有機會讓磨擦再現，屆時可能更難收拾；

❶ 累積怨氣，關係緊張

心中有所疙瘩，做什麼事情都格外敏感，不僅容易負面解讀事情或人，還會為了減少磨擦避免互動。一旦欠缺溝通更容易失去信任，即使看見缺失也不想多說，反正說了也容易遭對方誤解！上述狀況若發生在家，會讓夫妻、婆媳、妯娌、兄弟姊妹成仇人；若發生在職場，則工作氣氛詭異凝重、離職頻繁、糾紛不斷。

❷ 私結黨派，明爭暗鬥

不論有意還是無心，相對立的兩方可能會形成兩組人馬，兩大勢力互相較勁，也可能藉由結黨鞏固勢力或利益。表

面似乎為了維護正義，實則趁機爭取自我的主權和好處。

❸ 消極合作，表面配合但無動力

當一方居於較弱勢，有時會採取息事寧人、配合演出的態度。共事時表面似乎合作，內心其實消極、缺乏擔當；若遭質疑，立刻推卸，表明事情並非出於己意，不願一同承擔。這種看似團結合一，卻是貌合神離的狀況，缺乏同舟共濟、共體時艱的委身精神。這樣的團隊使成員難以被主使用，看似人力具備，卻是心志分散的團體。

共處屋簷下的正向發展

當意見不同又無法分開，仍得共事同工時，實在是門學問，值得操練修為！當我們已盡了力溝通，卻仍不得共識時，如何合作？以下幾個建議有助於帶來正向合作關係：

❶ 擇善不須固執

雙方看法不同，但都認為自己是善，在這樣的情形下，縱然可以堅持善行，但別人不一定得接受！若對方堅持，我也堅持，就會分裂衝突。聖經提醒我們：「人一切所行的，在自己眼中看為清潔；惟有耶和華衡量人心。」(箴言16：2)

人自以為義、自以為清潔善良，這些都不是自己說了算，因為自己說的未必是客觀事實，唯有上帝公義的度量才算。

不過當然不是自己的認知都需要別人來認可，這樣就沒有自己的定見，更是人云亦云，隨波逐流！這邊指的是，自己認知的好觀點仍要秉持謙卑、寬廣、接納異己的態度，不須因為看法不同而對立，傷感情。每個人本來就有不同想法、有不同背景經驗，對事情的眼光判斷有所不同十分正常，但要知道，你是對的不表示別人看法是錯的。我們若站在對方的立場，或是經歷他所經過的，就不難了解他為何這樣看事情了。

WHAT WILL BIBLE SAY

要彼此同心；不要志氣高大，倒要俯就卑微的人(或事)；不要自以為聰明……眾人以為美的事要留心去做。若是能行，總要盡力與眾人和睦。
羅馬書12：16–17

要彼此同心：不同心總是事出有因，有時是人性作祟，例如私心、不信任、不接納對方、計較嫉妒等。這種心態需要被調整，也要刻意操練彼此同心的精神。

不要志氣高大：總覺得自己高高在上，應受人看重與讚賞，這樣很容易成為自視過高卻不具實力的虛有其表人物。

倒要俯就卑微的人 (或事)：要關心卑微的、一般人不會注意的事，這是鍛鍊自己謙卑的品格。若只想跟菁英、上流人士相處、做眾人矚目的大事，容易迷失於虛榮中，失去悲憫同情的純真性情。

眾人以為美的事要留心去做：為人要親和友善、從善如流，能和諧配合就不須標新立異、突兀不合群，不過要「留心去做」、別盲從跟風，應仔細注意大家的認知與行動是否有違原則規定、道德常理等；若沒有，就盡可能與大家和諧相處。因為經文接著說：「若是能行，總要盡力與眾人和睦。」如此便能累積向心力、信任感，以及團結合一的能量。

❷以適當方式表達

在溝通不同意見，或給予他人意見時，除了態度要平和友善，說法也要適當妥貼。就是用辭、講法、時機都要恰當。若表達意見太堅決、說得太滿、氣勢凌人，一副只有自己才對、才懂、倚老賣老的語氣，則讓人口服心不服。筆者說話偶爾也會有類似語氣表現，特別是帶著自信滿滿的觀點想刻入人心時，講話便容易提高聲量、強勢高壓。能夠自覺是最好的，因為只有最親近的家人朋友才願意給予提醒，否則外人「多一事不如少一事」絕對不會說的。

❸決定信任對方

一般來說，我們信任一個人是因為對方值得我們信任；相對的，不值得信任則是因為對方曾使我們懷疑失望。這種信任關係很合理，是屬於有條件式的信任，一切取決於對方表現。其實還有另一種信任是「自主」的信任，即使對方表現不理想、有瑕疵，我們還是願意信任他，因為信不信任不是他決定的，是我自己決定的！

但我信任對方，並不一定都得聽他的，因為他的意見不見得最好，仍應進行評估。同理，當別人沒有接受我的意見時，亦不用將之解讀為不信任自己。另一個更深層次的探索是，就算對方表現出不信任，我們還是可以信賴自己，因為事在人為。

信任是帶給人比愛或言語的鼓勵更實際有效的增強元素！信任是愛的一體兩面，在彼此信任的環境下，會有醫治與重建的效果，是合一團結的先決條件，讓好事由此不斷發生。

WHAT WILL BIBLE SAY

> 然而主的僕人不可爭競，只要溫溫和和待眾人，善於教導，存心忍耐，用溫柔勸戒那抵擋的人；或者上帝給他們悔改的心，可以明白真道，叫他們這已經被魔鬼任意擄去的，可以醒悟，脫離他的網羅。

83

提摩太後書2：24—26

還有末了的話：願弟兄們都喜樂。要作完全人；要受
安慰；要同心合意；要彼此和睦。如此，仁愛和平的
上帝必常與你們同在。
哥林多後書13：11

給馬可的建議

透過聖經我們看到，馬可這位待琢磨的年輕璞玉，在母親、祖母和眾聖徒的造就栽培下，於教會歷史之初，留下無可磨滅的貢獻，且他後來的確長進不少，不但受到保羅的肯定 **(提摩太後書4：11)**，更透過彼得的回憶敘述，著作了馬可福音。

馬可一開始陪兩位歷史最偉大的宣教士同行，實在是千載難逢的機會。然而要跟隨偉大牧者不是省力容易的事，體力、勇氣、毅力、抗壓性及應變能力、適應力，都是不可或缺的條件。馬可若能尋求這兩位屬靈長者的輔導和代禱，讓他們對自己的軟弱和退縮心理有所了解，便較能避免因抗壓性不足半途脫隊的事發生。即使必須先行離隊時，也較能在大家的了解關愛中辭別。

第三章：紛爭也能出現新幸福

84

💡 **本段反思提問**

❶保羅與巴拿巴因馬可爭論而分道揚鑣，還有其他處理方式

嗎?

❷是否分開就會減少問題?怎樣的分手會讓問題蔓延;怎樣的分手可以成為祝福?需要注意哪些事才能減少分開帶來的傷害,進而更加蒙福?

❸若意見不合又無法分開時,該如何相處?怎樣的相處會持續磨擦;怎樣相處仍可保持和諧與信任?

❹若馬可歸隊,你建議如何幫助這位青年不再重蹈覆轍而有所貢獻?

第四章

為暴衝之家把脈與重建──雅各的暴衝家庭

發現上帝的
A計畫
在故事的踐行中學做對事

人生不如意十之八九！真是如此嗎？十件事情有八、九件不如意？今天一早起床漱洗、早餐、外出到現在，發生的每件事，八、九成是不順的嗎？不可能吧！日子裡若十之八九都不如意，恐怕誰也過不下去。那麼為什麼有這句話呢？我相信這句話是這樣解釋的：十件不順的事，我們往往記住八、九件**(甚至十件都牢牢記住)**；而十件順利的事呢，恐怕都覺得是應該的，不會特別去記，最多記個一、兩件吧！

順利如常的時候，人總覺得沒什麼、理所當然，沒什麼好感謝的；一旦不順、有點挫折，便滿腹受屈、怨天尤人，即使生活中仍有許多被視為「常態」的優點，卻視而不見，把精神全然貫注於不好的事情上，若一時無法解決，便感到更加困頓。

約瑟──極為重要的聖經人物

約瑟的故事是聖經中的經典段落，這號人物在聖經中佔了頗長的篇幅，故事曲折、引人入勝，感覺他不如意十之八九，但也不乏奇妙幸運、值得感恩的經歷。他的故事讓我們學習做人與面對生活問題的智慧。現在就讓我們進入聖經故事一一探討。**(參考創世記37章至45章)**

雅各的一生傳奇乖舛，陰錯陽差有了兩妻、兩妾，包含一對姊

妹及她們各自的婢女，這四個女人前後生了十二個男孩與一個女孩，使雅各家成了複雜的是非之地，不但婦女們相互較勁、勾心鬥角、分黨結派，下一代也不遑多讓，來自四位母親所生的十三位子女，各自明爭暗鬥。想想現代的家庭，一、兩個孩子都搞不定了，雅各家狀況有多亂可想而知！在所有妻妾中，雅各寵愛拉結，她所生的兩個兒子約瑟與便雅閔更得到雅各的偏心專寵。

偏心父母使子女自我觀念偏差

聖經記載雅各「愛拉結勝似愛利亞(姊姊)」(創世記29：30)這些下一代手足們能理解父親對他們的偏心，是來自對四位妻妾的偏心，然而這卻令下一代十分苦悶無奈。身為利亞所生的孩子，或兩位婢女所生的孩子，出生在母親們被冷落、心機較勁的環境，他們應不能稱為愛的結晶。這些手足沒有信任感，他們之間只有一個共通點，就是由不相愛的夫妻所生的孩子，以及被冷落的共同鬱悶——父親偏愛拉結生的約瑟與便雅閔。這些感受從他們懂事以來逐漸成為揮之不去的陰影，令他們自卑、不平。

自卑原本是一種基於生存的內在心理調整過程，在比較心理中不如別人的自覺，會造成一種苦楚，就是自我否定感、不滿足感和不自信。這樣的內在苦楚對有些人來說可以使他奮發

圖強、力求生機。但若不懂得拿捏，則可能導致內在的自殘行為，因不能讓別人知道，只能自己忍受痛楚、咀嚼苦澀。

為了逃避這種自我否定的椎心之痛，人也會採取避免面對的行為，就是所謂逃避、退縮、推卸。在這種情況下，倘若看到別人的失誤犯錯，便容易加以批判責備、否定他人一番，讓自己稍感優秀可取，暫時舒緩自我否定的不安感。經由批判別人，以及自以為是的愉悅感，腦下垂體會分泌多巴胺荷爾蒙物質，達到紓壓愉悅效果，進而造成一種認知型成癮症狀，讓人養成透過比較心理，引發後續一連串否定別人、批評、論斷、攻擊，以至於自負、驕傲種種情結，這些行為都會讓人擁有一時之快而養成習慣，如成癮般不自覺。

而另一種型態的自卑，就只停留在自我否定的卑微認定中！藉由自己的缺點來全盤貶低自己的價值。特別在失敗或搞砸事情、未達完美、不符期待時，都會讓這個人深深苛責自己、自我羞辱，並把不順遂、不理想、不愉快的經驗都解釋為跟自己不好有關。這種感覺當然很糟，也會成為習慣，此人會變得非常敏感、非常在意別人對自己的看法，若缺乏開導或是自我療癒，則會繼續採取這種貶抑式的自我觀，進一步造成自我控訴和傷害，以至於形成人格缺陷異常。

❶哪些原因讓雅各對孩子偏心？

❷十個哥哥感受到父親的偏心，他們會怎麼想？這對他們往後有何影響？

共犯效應心理──為惡行轉移罪惡感

而如今，這些受冷落、自卑的年輕人並不孤單，他們很快集結成夥伴，透過共同的怨恨，造就出生命共同體的依存關係。他們學會在不得寵的殘酷環境下，結合次要敵人打擊主要威脅，以作為生存之道。為了在這個團體生存，他們更要學會彼此相挺掩護，不論該做或不該做的，都鼎力相助、參與其中，這叫做「人在江湖，身不由己！」

群體犯罪的形成正是始於人們在群體中為維持歸屬感、不願被孤立排擠，使人難以抗拒多數人的意向而相互形成壓力，並以為大家能共同承擔與分散罪責，降低罪惡感、恐懼感與不安感。殊不知事實並非如此。現今的我們在或大或小的群體生活著，不妨觀察看看：究竟你所屬的群體，營造的是讓人發揮優質、善良本性的環境；抑或是一種毒性的共犯環境？

本段反思提問

❶個人犯罪與結伴犯罪的心理有何不同？

❷當自己所處的群體正在結伴犯錯時該怎麼面對？

❸若不想同流合污該怎麼行動？

打小報告──謀求生存之道

團體中令人鄙視反感的是打小報告的人，又稱抓耙子，約瑟當時就是這樣的人。「約瑟十七歲與他哥哥們一同牧羊。他是個童子，與他父親的妾辟拉、悉帕的兒子們常在一處。約瑟將他哥哥們的惡行報給他們的父親。」**(創世記37：2)** 從約瑟的出生背景可以想像，年幼的約瑟必然感受到來自手足的敵意，因此基於生存本能，他需要找到自保的策略──他的父親，作為他最有利的安全保障，他得好好把握這強而有力的絕對權威！其實年幼約瑟不是故意陷害兄長們，而是因為哥哥們行為偏差，他希望透過打小報告向父親表示他的忠誠，以鞏固父親的信任嘉許。當約瑟認為這樣的行為擁有正當性，從此向父親告狀就成為名正言順的義舉。

然而打小報告的人一但被揭露往往受到鄙視，其實這是個是

非顛倒的狀況，原本問題應該在犯錯者身上，事後卻怪罪到舉發者身上。特別是犯錯者會怪舉發者的不是來遮掩其錯行、模糊焦點，這也是生存需求引起的自保行為。但或許可以改變做法，例如約瑟平常應該多跟幾位較友善、容易互動、願意聊聊的哥哥們建立關係，一旦發現兄弟中有人做壞事，便能跟關係較好的表明看法、說服他們回轉、停止他們繼續犯錯。

那麼到底應不應該揭發團體中的錯誤呢？若事關重大，的確應該挺身而出，至少能形成善惡拉扯的局面，這就是道德勇氣。20世紀德國神學家馬丁尼摩勒牧師，一生從支持希特勒到反對納粹，也曾於集中營服刑。納粹瓦解後他終其一生為倡導和平奔走，曾獲列寧和平獎、聯邦德國大十字獎章。他的著名懺悔詩〈起初他們〉便揭示了這件事的重要性：

> **起初他們**
>
> 起初他們追殺共產主義者，我不說話，
> 因為我不是共產主義者；
> 接著他們追殺社會民主主義者，我不說話，
> 因為我不是社會民主主義者；
> 後來他們追殺工會成員，我不說話，
> 因為我不是工會成員；
> 之後他們追殺猶太人，我還是不說話，
> 因為我不是猶太人；

最後他們要追殺我，

但再也沒有人站起來為我說話了。

——馬丁尼摩勒MARTIN NIEMOLLER

關係好的人應該較有條件在群體錯行中發出制止的聲音，但
關係好的人也可能因為在乎好名聲，不願得罪人、不想破壞
和別人的友誼，使他越不敢仗義執言。道德勇氣並不容易，那
是品格中極高層次的一項，聖經中最具代表性的一位算是施
洗約翰吧。「起先，希律為他兄弟腓力的妻子希羅底的緣故，
把約翰拿住，鎖在監裡。因為約翰曾對他說：你娶這婦人是不
合理的。」(馬太福音14：3-4) 約翰因指責希律王用不法手段佔其
兄弟之妻兒，最終惹來殺身之禍；先知拿單也是有道德勇氣
的人，還好他指責的對象大衛王有內省受教的心，能夠謙卑
認罪，否則向在上者直指罪名是很冒險的！(撒母耳記下12章)

保羅也曾仗義執言。「後來，磯法到了安提阿；因他有可責之
處，我就當面抵擋他。從雅各那裡來的人未到以先，他和外邦
人一同吃飯，及至他們來到，他因怕奉割禮的人，就退去與外
邦人隔開了。其餘的猶太人也都隨著他裝假，甚至連巴拿巴
也隨夥裝假。但我一看見他們行得不正，與福音的真理不合，
就在眾人面前對磯法說：『你既是猶太人，若隨外邦人行事，
不隨猶太人行事，怎麼還勉強外邦人隨猶太人呢？』」(加拉太書
2：11-14) 保羅指出彼得是有信仰的猶太人，行為若像沒有信

仰的外邦人，怎可教外邦人學習有信仰的猶太人？

社會上集體包庇，容許上司濫權、舞弊、佔小便宜等行為屢見不鮮，我們可能見怪不怪，或怕惡勢力惹不起、多一事不如少一事，以致姑息錯行，使其一錯再錯。倘若平常能建立威信、為人謙和友善，一旦面對夥伴或上位者為非作歹時能勇敢提醒，或許能叫犯錯者懸崖勒馬。

本段反思提問

❶約瑟將哥哥的錯行告知父親，他的動機是什麼？

❷父親雅各聽到愛子告密，他該怎麼做才能對約瑟及犯錯的兒子都有幫助？

身為雅各，該怎麼做？

約瑟的父親雅各自幼學會以心機欺騙哥哥與父親、又被舅舅拉班以手段逼他娶了大女兒利亞，才能如願娶二女兒拉結。變調的家庭加上不能公允對待一夫多妻的局面，讓這位父親已無法在家中扮演正義維護的角色。每當約瑟告狀時，雅各的心一定十分糾結：「我的確應該嚴加管教犯錯者，但這樣會更顯得我偏心；還是該睜一隻眼閉一隻眼呢？又恐怕這些孩

子越大越難管教,遲早闖下大禍!」

人雖面臨種種困難,但已造成的錯誤仍要設下停損點、求上帝幫助,事情一件一件秉公處理、成員一個一個挽回心意,效果也許每個人不同,卻是可以努力嘗試的事。

本段反思提問

❶身為在上者,如何自我察覺並改善偏心的行為?

身為利亞,該怎麼做?

人的問題往往是「認知」的問題,負面解讀帶來負面情緒,日積月累,逐漸形成未爆彈,找機會爆發。正面看待不是認為別人做的都是對的,而是不要認為別人做什麼都有惡意。

在不得寵的夫妻關係中,利亞雖盡力爭取最有利的地位與生存空間,但她與拉結的關係畢竟是親姊妹,若能盡量維持和睦友善的關係,就有機會贏得尊重和看重;若處處比較、嫉妒對方、興風作浪,將造成兩敗俱傷的局面。此時的利亞不如先培養更健康的自己、調適自己的想法,不去比較丈夫的愛是否平均、是否被尊重等問題。

事實上當時多妻多妾是普遍文化，帶來的自卑、爭競相對較少，且比起亞伯蘭家撒萊與夏甲的關係，雅各家好多了，也許是這兩位女人是姊妹、另外兩位婢女也沒有如夏甲般造成女主人的威脅不安，可說是不幸中的大幸。

本段反思提問

❶若你是利亞的閨密，除了聽她發牢騷、吐吐苦水外，可以給她怎樣的建議？

身為拉結，該怎麼做？

親情與愛情間，是該「寧為玉碎，不為瓦全」還是顧全大局？在既成事實的情境下，如何維持相安的生活？久久不生育讓拉結苦悶，不得不祭出祖母撒萊的老招數，動用自己婢女辟拉與丈夫同房，若能懷孕生子，算是扳回一城！這個行為顯示了內在的計較心理，並採取了人為的招數對付。看似不屈不撓，卻是爭一己之利、面子和尊嚴，信仰在此境遇下完全沒有發揮作用，人性角力的喧賓奪主，使這家一舉進入戰國時代。

其實拉結可以專注看自己擁有丈夫專寵的愛，不要盡是比較所無的(膝下無子)，先鞏固自己可掌握的部分、穩住陣腳，盡可能把

事做好、預備自己的實力,再一邊用心觀察時局、等候機會。因為自己態度認真,所以不無聊、不抱怨;因為事有做好、認真學習,能保有自信與成就感,如此一來好事自然容易發生。

WHAT THE BIBLE SAYS

你當等候耶和華,遵守他的道,他就抬舉你,
使你承受地土;惡人被剪除的時候,你必看見。
詩篇37:34

💡 **本段反思提問**

❶ 請針對拉結利用婢女生子的方法,做出一份SWOT優勢劣勢分析表。

❷ 如果你是雅各,針對拉結想出的辦法你會如何回應?

身為十個哥哥,該怎麼做?

要在角力爭寵的家庭氛圍中成長,心胸實在難以寬大,畢竟在競爭刺激下,人性黑暗面的影響更加嚴重,身處雅各這個大家庭實在令人同情,要保持兄友弟恭非常不易。

稻盛和夫在2010年以七十八歲高齡接任虧損連連、宣告破產的日本航空,卻在短短兩年八個月獲得空前的利潤、股票重

第四章:為暴衝之家把脈與重建──雅各的暴衝家庭

98

新上市。他的祕訣是「貫徹對人而言正確的事」。意思是,環境差運氣壞若已成事實,就不應繼續扣分下去,這時該做的是走出去,取代自怨自艾、坐以待斃的現況,先想可行的、先做可做的,會發現竟然比預期更快走出困頓,慶幸沒有在逆境中躊躇不前!

本段反思提問

❶當群體負能量爆棚,該怎麼在其中作鹽作光?

婢女轉成為妾,她們該怎麼做?

一般而言,位階越低越難改變環境,但聖經中仍然不乏位階低的人改變情勢。例如約瑟多次對上位者帶來幫助與影響;乃縵的使女提供救主人的建議;路得與婆婆拿俄米從卑微轉變命運;亞比該請求大衛饒恕其夫而免去一場屠殺;但以理身為俘虜卻要求潔淨飲食等。這些都是在身分條件懸殊下翻轉運勢的例子。

雖然並非每個人都能如此,但做正確的事、減少負面紛爭卻是每個人都可以做的。大姊利亞的使女悉帕與妹妹的使女辟拉都被安排捲入這場雅各家族生育之戰,聖經對他們幾乎沒

有多加描述，但她們所生的男子卻是以色列十二支派的祖先。不知是撒萊與夏甲的前車之鑑；或是這兩位婢女性格柔和，她們似乎沒有發生太多直接衝突。從故事發展來看，相較於亞伯蘭一家，婢女竟扮演了故事走向喜劇或悲劇的關鍵角色！

> 💡 **本段反思提問**
>
> ❶辟拉、悉帕兩位婢女與夏甲似乎有類似的遭遇，但她們有何不同？
>
> ❷婢女被納為妾，怎麼做會造成紛爭；怎麼做能帶來家庭和睦？

暴衝之家，重新來過

在約瑟故事中，我們還要延伸探討一個問題。哥哥們出賣約瑟，使他被賣往埃及，直到約瑟後來解了法老的夢後，由囚犯躍昇為埃及宰相，從迦南來的哥哥們特來跪拜他⋯⋯到這裡為止，我們常因有了Happy ending，而忽略這個故事發展是否為神的A計畫。其實十個哥哥出賣約瑟、欺騙了父親雅各，這應該不是出自上帝的期待，事實上在約瑟的故事中，多數人

都有可待檢討之處,只要這些人願意做正確的事,都會影響故事的發展,例如爸爸不該對孩子偏心、哥哥們應當愛約瑟等。但我們不禁要想,如果哥哥們不出賣約瑟、約瑟不被賣往埃及,那麼上帝在約瑟年輕時給他的夢該如何實現?

WHAT THE BIBLE SAYS

約瑟做了一夢,告訴他哥哥們,他們就越發恨他。約瑟對他們說:「請聽我所做的夢。我們在田裡捆禾稼,我的捆起來站著,你們的捆來圍著我的捆下拜。」他的哥哥們回答說:「難道你真要作我們的王嗎?難道你真要管轄我們嗎?」他們就因為他的夢和他的話越發恨他。後來他又做了一夢,也告訴他的哥哥們說:「看哪,我又做了一夢,夢見太陽、月亮,與十一個星向我下拜。」約瑟將這夢告訴他父親和他哥哥們,他父親就責備他說:「你做的這是甚麼夢!難道我和你母親、你弟兄果然要來俯伏在地,向你下拜嗎?」他哥哥們都嫉妒他,他父親卻把這話存在心裡。

創世記37:5-11

約瑟異夢的A計畫版本

就我們所了解的聖經真理,以及上帝做事的方式,可以推理祂A計畫的可能走法:上帝可能透過高升的方式讓約瑟受重用,而不是透過哥哥出賣他的方式。例如有一天,法老仍然做

了兩個無解之夢，全國術士無人能解，而上帝賜給約瑟解夢之恩賜，所以約瑟主動前往晉見法老，講解此夢的涵義並提出建議，因此讓約瑟被拔擢為宰相。這時他的哥哥們與全家老小、埃及人無不向他屈膝跪拜，如此一來仍然可應驗上帝當年賜與幼年約瑟的異夢，卻不須透過哥哥們作惡、使約瑟受苦來實現。

透過本章的分析可以發現，上帝固然會在人的失誤中力挽狂瀾，並以喜劇收場，但不代表這些波折是最好的、應該的。上帝總有原來的計畫與安排，這些安排應該更省事、更省時、更有效果，並且是人與神通力合作的。

我們若能經常把聖經記載的錯行故事，重新推理出較合乎上帝心意的做法，便能幫助我們熟悉神的本性與計畫、體貼祂的心意，以至於少走冤枉路，真正活用聖經的教導！

第五章

從山窮水盡
走向柳暗花明
——約瑟的
坎坷與榮耀

約瑟的一生經歷極具教育性，因為一般人很難跟他一樣，在每個不順遂的當下，仍積極認真地把事情做到盡善盡美！因此約瑟的故事也是教會課程中常被使用的代表。不過許多在教會長大的信徒，之所以後來對聖經故事興趣缺缺，是因為這些故事從小聽到大、千篇一律，所引申的道理也都是老生常談，這些道理人都懂，但卻未必做得到；大家都認為這些偉人值得敬佩，但自己並沒有他們這麼厲害。因此我發現，宗教與品格教育不能只是教導是非對錯，而要能啟動人思考。例如聖經中人的行為，就眼前及長遠來說，各有何利弊得失？不同處理方式各自帶來哪些不同結果？短視近利與忍耐到底的過程和終局有何差別？

WHAT THE BIBLE SAYS

約瑟被帶下埃及去。有一個埃及人，是法老的內臣──護衛長波提乏，從那些帶下他來的以實瑪利人手下買了他去。約瑟住在他主人埃及人的家中，耶和華與他同在，他就百事順利。他主人見耶和華與他同在，又見耶和華使他手裡所辦的盡都順利，約瑟就在主人眼前蒙恩，伺候他主人，並且主人派他管理家務，把一切所有的都交在他手裡。自從主人派約瑟管理家務和他一切所有的，耶和華就因約瑟的緣故賜福與那埃及人的家；凡家裡和田間一切所有的都蒙耶和華賜福。波提乏將一切所有的都交在約瑟的手中，除了自己所吃的飯，別的事一概不知。約瑟原來秀雅俊美。

創世記39：1-6

這事以後，約瑟主人的妻以目送情給約瑟，說：「你
與我同寢吧！」約瑟不從，對他主人的妻說：「看哪，
一切家務，我主人都不知道，他把所有的都交在我
手裡。在這家裡沒有比我大的，並且他沒有留下一
樣不交給我，只留下了你，因為你是他的妻子。我怎
能做這大惡，得罪神呢？」後來她天天和約瑟說，約
瑟卻不聽從她，不與她同寢，也不和她在一處。有一
天，約瑟進屋裡去辦事，家中人沒有一個在那屋裡，
婦人就拉住他的衣裳，說：「你與我同寢吧！」約瑟把
衣裳丟在婦人手裡，跑到外邊去了。

創世記39：7-12

女主人／約瑟大PK！

當我們看到血氣方剛、體魄成熟的約瑟，遇到狼虎之年的女
主人誘惑這段故事，若僅注意約瑟不受引誘的品格，而不仔
細思量如何抵抗誘惑，未來當自己遇見試探時，多數人還是
會掉進陷阱，難以抗拒！

現在就讓我們設想女主人引誘約瑟的計謀，這可能不只是單一
的情慾誘因，更可能有利益結構盤據其中。首先我們來思考，
約瑟的女主人若想引誘約瑟，可提供哪些大利多的說服籌碼：

好處❶ 超安全

任何引誘都要包裝得讓人以為很安全！當主人完全信任約瑟，而女主人又是主使者時，安全度極高，讓人以為可以隻手遮天，存著僥倖心理，只想得逞後的好處與滿足。

好處❷ 地位高

波提乏是法老內臣，是個護衛長，約瑟若能配合女主人示好，想必有機會提拔約瑟，進一步利用文武百官的人脈關係，頗有翻身的機會！這對約瑟來說豈不是麻雀變鳳凰的大好時機嗎？

好處❸ 享榮華

隨著身分更新、高官提拔，一身才華的約瑟榮華垂手可得，可說是人財兩得！

好處❹ 主賜福

約瑟可以利用信仰自我轉念，將這機會看作是上帝藉由女主人，報償約瑟忠心良善及殷勤努力的證明。

以上四大動機，在在提供約瑟充分的理由回應女主人。也就

是說，一個設想周全的引誘，往往不是單純的信仰或品格容易勝過的，當人盤算實際的生存需求與利益風險後，常會不知不覺踏入陷阱，以約瑟的境遇來說，實在不容易拒絕一個多方面利多的試探。

接著我們試著從約瑟的角度看待女主人的引誘，以下幾點都容易讓約瑟趨向軟弱：

軟弱❶ 辛苦有成，理所當然

好不容易有這番成就、付出這麼多，當約瑟辛苦爬到如此地步，就是一人之下、眾僕役之上，此時人往往開始鬆懈忘形，覺得應該犒賞自己一下，合理化小犯錯應該被諒解，畢竟自己也建了不少功啊！

軟弱❷ 生理慾望，難以抵擋

約瑟正值精力充沛、血氣方剛之年，在繁忙的工作以及苦悶的僕人生活中，女主人的利誘應當頗具吸引效果。雖然我們無法判斷女主人是否極具姿色，但以人性而言，一位貴婦若有心打扮企圖色誘，肯定頗有機會！

軟弱❸ 缺少良善友朋提醒關顧

107

約瑟長期處於孤單無援，沒有牧者牧養指點、沒有支持團體與益友夥伴引導勸勉的情況下，在品格與信仰孤立之時，實在容易落入試探。

軟弱❹ 與真理隔絕的信仰危機

尤其此時的約瑟，沒有獲得上帝特別的指示，在沒能讀經、不明白真理誡命，更沒有像亞伯拉罕、摩西可以聽到上帝直接說話的情況下，容易進入屬靈曠野。若沒有天天與上帝談話禱告，實在很難把持潔身自愛的生活。

軟弱❺ 靠己之力，結黨營私

身為波提乏的僕役，約瑟備受肯定，不僅在牢獄中受長官重用，之後又受提拔為法老宰相，極有可能遭到多人嫉妒眼紅。為了躲開這些威脅，試著結合其他勢力對抗也是人之常情。

接下來我們試著幫助約瑟，思考女主人提出的利多籌碼有哪些問題：

不符誠信：主人全然信任我，我豈可背叛他，辜負他的信任？夫人也當忠於丈夫，不應存有邪情私慾在心中，這傷害極大！「所求於管家的，是要他有忠心。」**（哥林多前書4：2）**

不符聖潔：上帝要我們保持聖潔，淫亂敗壞的事會污穢我們的身體與生命！「那召你們的既是聖潔，你們在一切所行的事上也要聖潔。」**(彼得前書1：15)**

不符神主權：未來掌握在上帝手中！我們只要與上帝合作，秉持正當心念，持續做對的事，上帝會帶領賜福我們的未來。絕不可自以為是，用不當的方法、依靠人為詭計為未來找出路，即使一時得逞，終究會出問題，得不償失！「誰敬畏耶和華，耶和華必指示他當選擇的道路。」**(詩篇25：12)**「人心籌算自己的道路；惟耶和華指引他的腳步。」**(箴言16：9)**

不符平安：所謂不怕一萬、只怕萬一。整天提心吊膽面對生活，面對身旁的工人、主人，這事能隱瞞多久？即使不被揭發，光是心理壓力，就讓人不健康了！「愛裡沒有懼怕；愛既完全，就把懼怕除去。因為懼怕裡含著刑罰，懼怕的人在愛裡未得完全。」**(約翰一書4：18)**

不過好在，聖經記載約瑟立刻拔腿就跑，不讓自己有片刻思考機會！他立即快閃其實是最聰明的避開試探方法，也就是三十六計，走為上策！因為「想太多」往往讓我們為試探找合理藉口，僥倖心理也會在此冒出來。因為沒碰到事情時道理大家都懂，一旦與問題正面對決時，生存利益還是人習慣的考量重點，除非平常就鍛鍊正確的思考習慣，否則大腦會主

導我們的想法，棄信仰道德，以保生存利益。

獨立思考的約瑟 無視他人眼光

雖說約瑟孤身抗拒試探的確不易，但筆者卻從故事中看到約瑟一個特質，值得時下青年學習。那就是約瑟從小到大，似乎都「不受影響」！這是他從很小便顯露的一個特殊優點，就是只管做對的事，周圍人無論如何陷害他、嫉妒他、色誘他，軟的硬的想使他從「惡」如流，似乎都不太能影響他。約瑟擁有一個超越人性需求的特點，就是不尋求人認同、不過於在意人的眼光、不期待人的接納與讚美！並非他不需要，而是他不願配合人的眼光、失去自己的原則；也不讓他人的錯誤，主宰自己的行為與人生！

這在心理學上稱做「不隨眾心理」。多數人都有「隨眾心理」的傾向和需要，只有少數人能做到不從眾。這種人又分為消極與積極：消極的人叛逆、特立獨行，透過與眾不同尋求自我感博取注意、製造被關注的行為，甚至以譁眾取寵、怪異、闖禍、憤世忌俗等極端作為突顯自己，達到受注視的目的；而積極的表現則是勇敢做自己，能理性觀察、思考、判斷，勇於跳脫群眾慣常作為、獨排眾議。其不隨眾具有客觀理性的緣由，是出於觀察思考而來，而不是「盲不從」、更不是刻意標新立異。

要擁有積極的不隨眾表現，需要具備自信、獨立思考能力；明白自己的原則、價值、目的，知道自己真正想要的是什麼：是別人的眼光所在乎的？還是自己真正在意的？是要得到他人的肯定？還是自己想找到的價值？這種具有勇氣與想法的不隨眾，才會帶來益處，並有機會影響周圍的人。

約瑟的一生可作為後代品格教育的教材，難怪是聖經故事中點播率最高的人物。他是正能量的代表，沒什麼明顯缺失可挑剔。若要給約瑟一個建議，筆者倒想建議他一件事，希望他為自己的民族希伯來人建立一所學校，培養當代與後代更多像他這樣有原則、能治理人群、擁有解決問題能力的人，還能勝過試探、撐過低谷、與神同行，傳承更多影響力。如此一來不僅有機會協助埃及人改變迷信的陋習，百年後也不至於讓希伯來人變成奴隸，受到苛待奴役了。

希伯來人若能與埃及人因約瑟的建樹而友好，有朝一日上帝呼召他們回迦南地時，也可能是在祝福與不捨中和平離開埃及，旅程所到之處不至受到各種為難，進入迦南時更能讓外邦族人聽聞在埃及的建樹而歡迎、禮遇、敬重他們，畢竟這批敬畏耶和華的民族能帶給埃及繁榮，如今遷徙至迦南地，也必讓這地更豐盛。劇情若能如此發展，似乎更符合上帝作為的脈絡才對。

本段反思提問

❶女主人若想引誘約瑟就犯，誘惑中帶有那些吸引人的條件？

❷面對女主人提出誘人的理由，約瑟該怎麼想才有機會拒絕試探？

約瑟「翻轉局面」給後世的提醒

從約瑟前半段坎坷且戲劇化的人生歷程，似乎可看出一種模式 (pattern)，這模式其實常出現在我們的生命中，它分別以六個階段來操練我們，而且反覆重來、迴轉向上，造就生命更穩固有力。我稱它是「建造強大生命力的六道輪迴」。

第一道：離開舒適區 (comfort zone)

> **WHAT THE BIBLE SAYS**
>
> 約瑟被帶下埃及去。有一個埃及人，是法老的內臣
> ──護衛長波提乏，從那些帶下他來的以實瑪利人
> 手下買了他去。
>
> **創世記39：1**

離開舒適區對不同人的難度是不一樣的，主動離開與被迫離

開也有分別。例如「學如逆水行舟，不進則退」這句話，「進」就是離開舒適圈。有人為環境所驅使，身不由己；有些人則是本來就喜歡挑戰新事物，不安於一成不變，所以能適應變化。試想，約瑟要到迦南地 **(應許之地)** 就得先離開埃及 **(熟悉的舒適圈)**，經歷曠野、跨越約旦河、面對列強等難關，才能抵達。

第二道：為當下負責

WHAT THE BIBLE SAYS
約瑟管理家務和他一切所有的。
創世記39：5

這是非常重要的歷程，為當下負責！許多人求神賜予力量，這力量就是要用出來，面對問題、負起責任。可是許多有信仰的人，反而養成一種宗教逃避心態，熱衷宗教活動或修練，卻沒有盡責面對問題。若事情真有所改善，就助長其無知無能的假性虔誠；若情勢惡化，便怨天尤人，懷疑神明懷疑人生！

其實約瑟是有理由哀怨的，但這樣卻改變不了事實，只會讓自己越陷越深，因為煩惱苦悶會讓自己更沒有力量、提不起勁。約瑟把不平、委屈、憤怒擱在一旁，專注於可以做、該去做的事，同時等待機會。這是一種積極的等候，可積累能量，即使將來還是沒有太大機會，至少已把自己穩住，沒有一蹶不振。因為留得青山在，不怕沒柴燒，若將來真有機會翻身，

113

幸好已於這期間作了準備，便能一躍而起、趁勢而飛！

第三道：經驗神同在，與上帝同工

WHAT THE BIBLE SAYS

耶和華與他同在。
創世記39：2

經驗會塑造一個人，而解讀經驗的意識更主導著人的命運。
透過聆聽、閱讀所領悟吸收的，往往只是一種知識或概念，唯
有自己實際遭遇的，會在大腦留下深刻的記憶，形塑出真理
般的信念。所以在一般情況下，實際經驗常是形成個人特質
的關鍵因素；如何解讀經驗所遭遇的，更會創造出不同的信
念。例如有些人能越挫越勇；有些人則是稍有困難便輕言放
棄，正面與反面的看法將決定一個人能從中萃取多少智慧。
約伯遭遇患難後所說：「我從前風聞有你，現在親眼看見你。」
(約伯紀42：5)，就是在經歷神之後，透過正面解讀所得到的深刻
確據。

在這方面筆者也有不少經歷神的體驗。例如在讀中學時，有
次為了抄捷徑，從陡峭斜坡下山，卻不慎翻滾下來。當時快速
翻落無法控制，腦裡一片空白，所幸腳被雜草纏繞，身體倒掛
其中才沒有繼續往下衝，深感上帝差派天使搭救，否則根本
無法倖免於滾落山下的意外傷害！

還有中學時年紀輕，經常因說話不夠得體得罪同學與師長，自己也十分苦惱。後來懇切禱告求主幫助，竟然完全改善了這個毛病，心中清楚這是上帝的幫助，否則靠自己實在無能為力。

而在軍中服役期間，因為無法遵守安息日，也不可能參加教會崇拜，沒想到主卻開路，單位長官答應只要其他時日盡好職責，便可讓我每週末休假上教堂直到退伍。這樣的狀況在軍中幾乎是不可能發生的！因此深信是來自主的帶領。

每個人過去都有一些經歷影響著自己，若能善用各樣經驗，無論好事壞事都從中累積正面心得，將使自己更有智慧、更有信心。

第四道：獲得成功經驗

WHAT THE BIBLE SAYS

耶和華使他所做的盡都順利。

創世記39：23

雖然約瑟屢次受創、坎坷不斷，可是日常中的他卻經常建功，多數做的事「盡都順利」。類似這些生活的小成功、小確幸、小感恩，都是讓我們獲得力量的管道。畢竟有些事情不如期待，不表示再沒機會；已經發生的損失，不代表未來無法再次擁有。唯有沉得住氣的毅力與實力，才能贏得人的尊敬和信任。

第五道：得著人心、獲得信任、使人蒙福

WHAT THE BIBLE SAYS

你們作僕人的，要懼怕戰兢，
用誠實的心聽從你們肉身的主人，
好像聽從基督一般。
不要只在眼前事奉，像是討人喜歡的，
要像基督的僕人，從心裡遵行上帝的旨意。
甘心事奉，好像服事主，不像服事人。
以弗所書6：5-7

主人派約瑟管理家務和他一切所有的，
耶和華就因約瑟的緣故賜福與那埃及人的家；
凡家裡和田間一切所有的都蒙耶和華賜福。
創世記39：5

想必約瑟的心態和以弗所書這番勸勉一樣，「好像服事主，不像服事人」，當一個人懂得調適態度、改變想法，就會甘心樂意把事情做好，別人便容易放下防禦、一改成見，既然知道你沒壞心眼，便能以你為福。但在取得信任的過程中，難免會在意別人眼光，這時可以善用它，鍛鍊成自覺力，以達到自行提醒、自我改善的效果，成為一個有自知之明的人，也更容易與人和睦相處。

若想培養這種自我察覺的能力，可作以下練習：

❶學習觀察自己言行，從當下或事後探查自己的心念動機

這能讓自己善於明察自己的內在實況，讓好的意念得到肯定與保留；不當的心態趕緊調整修正。

❷建立心念筆記

可將覺察後的心情加以記錄，包含自己的心情起落、自我對話的覺察感受、如何重新思考解讀等。若能記錄下來，可供未來複習之用，同時對照自己是否有所成長。

❸用自我對話方式推敲

例如：為什麼我會感覺不舒服？如此不安？我在意的點是什麼？我應該做些什麼？怎樣做才對？這些問題都是引導自己，甚至輔導他人的重點。

第六道：發揮影響力

WHAT THE BIBLE SAYS

波提乏將一切所有的都交在約瑟的手中，
除了自己所吃的飯，別的事一概不知。

創世記39：6

117

與人相處存在著各種程度的相互影響。約瑟在法老的護衛長家作奴僕，其影響值是很低的。一方面他是外勞，同時又年幼、低階、缺乏經驗，種種劣勢條件如何受到看重？誰會信任？希望似乎很渺茫。然而因著上述提到的六道歷程，約瑟持續累積做對的事、帶來好的貢獻，如《禮記‧中庸》所說：「君子之道，辟如行遠必自邇，辟如登高必自卑。」登高山必須從低處開始；走遠路要從近處開始，持續做對的事，必定有所改變。

這六道歷程，往往會在生活中不斷循環，好不容易有了較穩定的局面、進入能掌握的狀況時，又會被帶離某方面舒適區，進入下一回合的未知操練。但只要不放棄、繼續往前，生命便會往上飛騰，成果自然越來越豐碩！所以我稱它是「建造強大生命力的六道輪迴」，由於每個人狀況不同，有人可能少走兩道、有人可能多達八、九道，但只要不放棄，總會在起伏高低、順境逆境交叉中，見到曙光。

本段反思提問

❶請站在約瑟的立場，設想他面對坎坷情境的當下，如何不喪志、自暴自棄怨天尤人 (創世記37、39、40章)：

被哥哥們丟入洞穴中，可怎麼想……

被賣給往埃及的以實瑪利商人，可怎麼想……

在坡堤乏家為奴僕,可怎麼想……

面對女主人的引誘,可怎麼想……

被誣陷囚禁大牢,可怎麼想……

❷當你聽到約瑟的故事時,你比較注意他每次努力後仍跌入谷底?還是挫敗後能繼續努力?你是正面思考型,還是負面型?這樣的思考模式對你有什麼影響呢?

本章不再繼續探討約瑟每項經歷細節,但有些提問值得花些時間思考,將能有所啟發:

❶大哥流便為了保住約瑟一命,建議兄弟們把他放置在坑中。面對群眾的罪行計謀時,若要仗義執言或轉化犯行意圖,需要怎樣的勇氣和機智?(創世記37:21-24)

❷約瑟遇到企圖勾引他犯罪的女主人,若換作是今天,一個人在工作上面對一樣的試探,該如何防範?(創世記39:7-18)

❸約瑟能把主人的事做得盡善盡美,一定花了心思,因此慢慢爬上護衛長家中最高職位管家。然而此時卻被汙衊侵犯女主人,如此冤獄讓過去的努力與辛勞全然徒勞!這時約瑟該怎樣思考,才能讓他秉持一貫品格與做事態度,繼續在牢裡表現優異?(創世記39:19-23)

❹當約瑟解出法老的夢後，立即被拔擢為宰相，一夕成名、囚犯變高官。在如此急遽變化下，心中更需要謹慎調適。試問，約瑟面對瞬間高升，擁有權柄與財富，他該避免哪些試探，危機和錯誤？他又該怎樣安排自己，才能勝任這項職位？（創世記41：37－57）

❺約瑟重見兄弟們時，說了一番極為感人的話（創世記45：4－15），你認為他是根據什麼理由或領悟，產生這樣正面的看法？

❻如果你是兄長，聽約瑟對你說：「不要自憂自恨，這是神差我在你們以先來，為要保全生命。」這番話會讓你如何解讀過去出賣約瑟的行為？

第六章
讓比較帶來祝福

為了找到更好的生存方式，嬰孩成長時大腦便開始感知周遭環境，這種能力會不斷偵測外界與自我的關係，警覺外在是有利或有害於自己。若是有利，便會放心淡定心情愉快；若是有害，則會擔憂不安，並為了除去不適感，採取行動解除危機，製造適合自己生存的環境。

在所有藉由感知判斷環境的能力中，其中一項即為「比較心理」：跟人比較、跟過去比較、拿別人跟別人比較、事情與事情比較等，並將比較後的結果解讀出想法與結論，再決定是否進一步採取因應措施、求得更易生存的方式。然而這種比較本能，將視人的思維與個性不同，分別導向正向或負向思考，可能帶來進步，也可能造成傷害。

聖經有好些真實故事及比喻教訓都跟「比較心理」有關。例如第二章談到路錫甫的背叛是跟聖子比較；第三章該隱與亞伯的獻祭也跟比較有關；第五章哥哥們出賣約瑟也跟比較心理有關。本章我們再多舉幾個例子探討比較心理，希望對讀者生活帶來啟發幫助。

故事一：掃羅與大衛的比較心理

很多時候，負面的比較心理來自於感覺對方的存在危及自身利益與地位。首先我們來探討以色列第一任王掃羅嫉妒大衛

的個案。撒母耳記上第九章記錄如下：

WHAT THE BIBLE SAYS

有一個便雅憫人，名叫基士……是個大能的勇士。他有一個兒子，名叫掃羅，又健壯、又俊美，在以色列人中沒有一個能比他的；身體比眾民高過一頭……

掃羅未到的前一日，耶和華已經指示撒母耳說：「明日這時候，我必使一個人從便雅憫地到你這裡來，你要膏他作我民以色列的君。他必救我民脫離非利士人的手；因我民的哀聲上達於我，我就眷顧他們。」撒母耳看見掃羅的時候，耶和華對他說：「看哪，這人就是我對你所說的，他必治理我的民。」

撒母耳記上第九章

掃羅執掌以色列的國權，常常攻擊他四圍的一切仇敵，就是摩押人、亞捫人、以東人，和瑣巴諸王，並非利士人。他無論往何處去，都打敗仇敵。

撒母耳記上14：47

當大衛打死非利士人歌利亞後，引起眾人的關注與讚賞：

WHAT THE BIBLE SAYS

掃羅無論差遣大衛往何處去，他都做事精明。掃羅就立他作戰士長，眾百姓和掃羅的臣僕無不喜悅。大衛打死了那非利士人，同眾人回來的時候，婦女們從以色列各城裡出來，歡歡喜喜，打鼓擊磬，歌唱跳舞，

123

迎接掃羅王。眾婦女舞蹈唱和，說：「掃羅殺死千千，大衛殺死萬萬。」掃羅甚發怒，不喜悅這話，就說：「將萬萬歸大衛，千千歸我，只剩下王位沒有給他了。」從這日起，掃羅就怒視大衛。次日，從神那裡來的惡魔大大降在掃羅身上，他就在家中胡言亂語。大衛照常彈琴，掃羅手裡拿著槍。掃羅把槍一掄，心裡說，我要將大衛刺透，釘在牆上。大衛躲避他兩次。掃羅懼怕大衛；因為耶和華離開自己，與大衛同在。所以掃羅使大衛離開自己，立他為千夫長，他就領兵出入。大衛做事無不精明，耶和華也與他同在。掃羅見大衛做事精明，就甚怕他。但以色列和猶大眾人都愛大衛，因為他領他們出入。

撒母耳記上18：5–16

掃羅開始亂了分寸，理性、靈性、情緒都出了狀況，開始落入一步錯、步步錯的情況。這時便需要有人跟他談談，協助他理清頭緒，找到正確的步調並走出迷思。

焦慮時自我防護的第一步

陷入苦惱的人若沒有獲得適當開導，或沒有尋求別人幫助的意願與習慣，即可能處於無法自拔的困擾情境，進而做出不當行為。以掃羅為例，他其實可以透過自我對話，開導自己走出心牢。以下我們想像掃羅透過自我對話的方式，進行自我輔導。

Q 掃羅自問：最近心裡一直不舒服，很悶、不開心！什麼事讓我這樣呀？

A 掃羅自答：來列舉一下吧！

——大衛出現後，群眾都成了他的粉絲，這讓我很矛盾彆扭！

——大衛每戰必勝、能力強，受到大家喜愛，照理說是好事，可是就讓我蠻不舒服的。

——最近心情不好總會胡言亂語、心神不寧，像是變了個人似的，而且我竟再三謀害大衛！我是怎了？該不會精神異常吧？

——我發現自己越來越不得民心了！是我太敏感嗎？還是真的如此呢？

心中不安、不舒服，可經由內省方式一一列舉，幫助自己清楚看待與處理，減少莫名憂慮不安感。因為莫名的不安只會加重壓力，形成逃避、情緒低落等狀態，不但無法解決問題，還會造成負面作用，使壞事接踵而至！然而當把問題細節列舉出來，便較能理性看待、思索解決方案。一旦內心整理清楚明朗，焦慮自然減少或消失，使情況轉變為正向發展，未來命運截然不同！

125

Q **掃羅自問**：我若這樣繼續下去，很快就要完蛋了！一點都不像一國之君應有的表現。我要這樣嗎？會不會人神共憤、晚節不保呀？

A **掃羅自答**：問題是我也不想呀！

Q **掃羅自問**：那麼現在還來得及改變什麼嗎？

A **掃羅自答**：不管來得及來不及，都得用對的態度與方式面對問題，否則恐怕越來越難處理了。

Q **掃羅自問**：好吧，那麼該從哪開始呢？

A **掃羅自答**：就從我對大衛的成見，以及我所擔心的事情開始吧！

當列舉了心中介意的項目後，便能釐清主要的問題點、簡化複雜心緒帶來的迷茫感與逃避，進而提升解決動機。

Q **掃羅自問**：大衛的能力優秀、智勇雙全，這些是問題所在嗎？

A **掃羅自答**：這些其實是好事，國家出此人才，將大家驚恐萬分的歌利亞給打敗，這可是立下大功，應該高興才對！

Q**掃羅自問：**的確，憑良心講，這樣的人當然會吸引群眾跟隨。也還好大衛正直又有能力，假設他是個充滿野心的梟雄、不效忠國家、驕傲自負，我才更該擔心，不是嗎？

A**掃羅自答：**是的……不過這使我受到的關注與愛戴逐漸減少，不免產生失落感，也怕這樣下去王位難保。這是一種比較心理嗎？我不僅希望自己的地位保得住，更希望自己比大衛強，這對我來說似乎比能力更重要！

Q**掃羅自問：**但這樣想對嗎？上帝揀選我作王，是希望我成為這麼看重自己權位的王嗎？

A**掃羅自答：**當然不是！

Q**掃羅自問：**那麼上帝希望我成為怎樣的王？

A**掃羅自答：**當然是勇敢、正直有能力、親民愛物、心胸廣大、為人楷模的那種君王才對！我既然是上帝欽點，以色列的首任君王，就應樹立典範，讓後世子民懷念仿效，如此才不辜負上帝的揀選呀！

Q**掃羅自問：**那我現在還來得及改變嗎？

A**掃羅自答：**當然，不怕太遲，就怕沒有開始！只要趕緊懸崖

勒馬、回頭是岸，一定來得及！

Q 掃羅自問：那倒是真的⋯⋯我該怎麼開始呢？

A 掃羅自答：首先，我得跟上帝真心誠意認罪懺悔這段時間的過失，不管是心裡的念頭或是言行不當的舉止。再者，我也不該跟大衛比較、嫉妒他，甚至出現殺他的念頭。我應該祝福成全他！所以我也應該跟大衛道歉！即使上帝要揀選他繼任為王，使我無法如願將位份世襲給兒子約拿單，那也是上帝的旨意，我不該有私心，而要全力配合才對！

Q 掃羅自問：是呀！那麼，現在有哪些具體可行的步驟可以逐步改善？

A 掃羅自答：首先，我要悔改禱告後跟大衛和好，並且繼續培養大衛，讓他青出於藍！

Q 掃羅自問：但是不斷認錯道歉，會不會讓人覺得我是個失敗的王呢？如果讓人瞧不起該怎麼辦？

A 掃羅自答：其實我這些過失，大家都看在眼裡，只是不當著我面前討論。所以認錯反而能使人佩服、不認錯才會讓人瞧不起。既然我之前不能在正直上作好榜樣，事後也要

在謙卑認錯上作好示範呀!這樣才有大將軍君王的氣度,
是百姓的福祉、上帝的良僕呀!感謝天父,讓我能在聖靈
的感動帶領下,心念回轉走上正確的路。

其實自己也能作自己的貴人!這種自行輔導的對話法,有機
會轉化自己的命運,是人人都能練習的。其實聖經還有許多
自己跟自己說話的例子:

WHAT THE BIBLE SAYS

❶浪子比喻裡的小兒子

他醒悟過來,就說:「我父親有多少的雇工,口糧有
餘,我倒在這裡餓死嗎?我要起來,到我父親那裡
去,向他說:父親!我得罪了天,又得罪了你;從今以
後,我不配稱為你的兒子,把我當作一個雇工吧!」
於是起來,往他父親那裡去。

路加福音15:17–20

❷無知的財主

有一個財主田產豐盛;自己心裡思想說:「我的出產
沒有地方收藏,怎麼辦呢?」又說:「我要這麼辦:要
把我的倉房拆了,另蓋更大的,在那裡好收藏我一切
的糧食和財物,然後要對我的靈魂說:靈魂哪,你有
許多財物積存,可作多年的費用,只管安安逸逸地吃
喝快樂吧!」

路加福音12:16–19

❸不義的管家被主人開除

> 那管家心裡說：「主人辭我，不用我再作管家，我將
> 來做甚麼？鋤地呢？無力；討飯呢？怕羞。我知道怎
> 麼行，好叫人在我不作管家之後，接我到他們家裡
> 去。」
>
> **路加福音16：3–4**

自我對話的內容將決定自己往哪裡走，難怪箴言書提醒我們：
「你要保守你心，勝過保守一切，因為一生的果效是由心發
出。」**(箴言4：23)** 懂得觀照自己的起心動念、覺察內在的感受並
加以詢問分析心中隱藏的動機，以免被私心、驕傲、苦毒、逃
避等心態佔據，以至於蒙騙自己，使負面、病態的念頭衍生出
後續效應，傷人傷己。惡天使路錫甫如此、掃羅王亦是如此。

掃羅雖然是一國之君，不論是先天的身材體魄，或後天的高
升地位，無不令人羨慕，卻因沒有處理好逐漸萌發的惡念，
讓瘋狂病態的行徑與精神狀態盤據人生，十分可悲也令人惋
惜！當初若有人開導他，或他懂得自我引導調整，故事應該是
喜劇收場。

故事二：亞希多弗一次不順就結束自己生命

論到比較心理，絕不能錯過亞希多弗這號人物。他是大衛的
謀士，斷事如神，卻也是城府極深且愛恨情仇不形於色的人

物。他後來選邊站背叛大衛，投身大衛親身兒子押沙龍這方，協助他密謀篡奪父王之位。

從聖經的記載來看，亞希多弗這麼做應該是出於記恨大衛。由於大衛橫刀奪愛的妻子拔示巴，正是亞希多弗的孫女，對這個已經三妻四妾，還覬覦忠臣烏利亞妻子、陷害忠良毀人家庭的大衛心生不悅。現在眼看大衛兒子復出及復仇的企圖如此強烈，不如趁機報心頭之恨，加入押沙龍陣營，助其叛變奪位。

WHAT THE BIBLE SAYS

那時亞希多弗所出的主意好像人問神的話一樣；他昔日給大衛，今日給押沙龍所出的主意，都是這樣。亞希多弗又對押沙龍說：「求你准我挑選一萬二千人，今夜我就起身追趕大衛……」押沙龍和以色列的長老都以這話為美。押沙龍說：「要召亞基人戶篩來，我們也要聽他怎樣說。」戶篩到了押沙龍面前，押沙龍向他說：「亞希多弗是如此如此說的，我們照著他的話行可以不可以？若不可，你就說吧！」戶篩對押沙龍說：「亞希多弗這次所定的謀不善。」……押沙龍和以色列眾人說：「亞基人戶篩的計謀比亞希多弗的計謀更好！」……亞希多弗見不依從他的計謀，就備上驢，歸回本城；到了家，留下遺言，便吊死了，葬在他父親的墳墓裡。

撒母耳記下16–17章

131

亞希多弗為了讓大衛受苦，便加入他兒子的陣營，透過押沙龍叛變，令其父子廝殺，這樣便能帶給大衛椎心之苦。後來我們雖沒有看到亞希多弗遭遇多大的苦難、虧損或不公平對待，亦非再三遭受挫折、欲振乏力，只有一次主子聽信他人，不採納自己的意見，竟就不告而別，上吊自殺！可見他生性極端，並且自高自大，這種極端人格遇到委屈時，十分在意自己的無奈遭遇，更想報復讓對方受苦！

以下我們來揣摩他的心思意念，並分兩部分解讀，前者是導致他自殺的消極極端想法；後者則是假設他能積極思考，在挫折中引起正向動機與行為。

模擬亞希多弗的負面思考

💬**亞希多弗**：我說押沙龍這昏君，虧我還看好他，一心輔佐他完成奪位計謀，沒想到他竟然輕信大衛老搭檔戶篩。他的話可信嗎？他根本是來臥底搞破壞的！你這沒腦袋的傻瓜，我才是真正跟你站在同一陣線，能向大衛報仇血恨、料事如神的謀士呀，但你竟然不成全我，讓我親自拿下大衛，反而聽戶篩的！果然不聽老人言，我就讓你吃虧在眼前。過去我怎樣利用你報復大衛奪走我孫女一家的幸福，現在我也要你因不聽我的計謀，付出慘痛代價！我要讓你知道，沒有我，你只是個有勇無謀的愚妄之徒。憑你想跟

你爸鬥？我去上吊，不只因為你讓我覺得羞辱，更要讓你知道沒有我，你們沒有最悲慘，只會更悲慘！

亞希多弗似乎覺得自己的存在，該被所有人重視，所以要讓虧負他的人受到最大的報應和痛苦！他不願大衛稱心如意，但既然沒法來硬的，就用背叛進行第一波打擊；接著到敵方陣營是第二波打擊；最後讓父子反目成仇是第三波打擊；當父子彼此廝殺、兩敗俱傷時，則是第四波打擊！他之前建議押沙龍當眾與父親大衛的嬪妃發生關係，也是打擊大衛的手法之一。仇恨若佔據心中成了信念，報復就成了最具價值的行為！對亞希多弗而言，復仇成了生命的動力。

然而當新主人押沙龍沒有接受亞希多領兵的建議，他只遭遇一次挫敗便採取極端自殺行徑，讓我們看到一旦一個人被眾人當作神一般看待，要他再作路人甲就變成最大的刑罰。亞希多弗的悲劇縱然與個人性格特質有關，但他無法轉念也是關鍵。特別是在嚴重強烈的傷痛事件中，當下抉擇至關重要。接下來我們來為亞希多弗想想，若他的心念轉為正面積極的話，故事會變成怎樣呢？

模擬亞希多弗的正面思維

亞希多弗：身為謀士且料事如神的我，為什麼要被仇恨綑

綁呢？我到底希望大衛悔改作人民榜樣，還是希望他受到懲罰？哪一個比較有意義？上帝給我的智慧應該用來讓大衛悔改，還是讓他遭到報應呢？賞罰是上帝的事，不應該由我代替吧！我應該運用智慧輔佐他們父子和睦才是，畢竟他們應該作老百姓的榜樣。但這不是簡單的事，更不是一般人幫得了！我身為國師、謀士，受到他們的敬重信任，若我居中協助，應該沒有太大問題，這樣我不僅能救這個皇室家族，也能挽救整個國家，還能蒙上帝喜悅。好的，既然事情釐清，求主幫助我，出面扭轉局勢，打一場這輩子最引以為傲的勝戰吧！

自我覺醒是我們身為人很重要的智能表現，又稱為自我省察。佛教的內觀禪修 (Vipassana) 指的是「看到事物的實像」，也有這個意味。藉由自我對話模擬過程，探詢自我內在的起心動念。因為不是由別人指出，所以不會受到威脅挑戰、羞辱誤解，因此不須啟動修飾遮掩、逃避等防禦機制。若能善用上帝設立在人心中的自我意識功能，啟動自知之明先行調整、自行醫治，便可為自己解決許多麻煩。

亞希多弗的正面檢討方向是「找出自己真正想要的是什麼」。一般情況下，人都有許多想要的，如錢財、尊嚴、美麗外表等，但若追問下去，會發現其背後的附加價值才是自己真正要的，例如有錢才有安全感、有錢能受人尊敬等。亞希多弗想

報仇，不甘心大衛高高在上、為所欲為，但唯有問問自己真正想要什麼，才能瞄準靶心。當他把聰明才智，用在跟自己無關的仇恨上，可說非常浪費、不值得。哪一個選項才是自己真正想要的？不辯自明。

故事三：三個僕人的任務

耶穌講的眾多比喻中，也有不少與比較心理有關。其中之一是馬太福音25章14-30節，被稱作「按才幹受責任」的比喻：

WHAT THE BIBLE SAYS

天國又好比一個人要往外國去，就叫了僕人來，把他的家業交給他們，按著各人的才幹給他們銀子：一個給了五千，一個給了二千，一個給了一千，就往外國去了。那領五千的隨即拿去做買賣，另外賺了五千。那領二千的也照樣另賺了二千。但那領一千的去掘開地，把主人的銀子埋藏了。過了許久，那些僕人的主人來了，和他們算帳。那領五千銀子的又帶著那另外的五千來，說：「主啊，你交給我五千銀子。請看，我又賺了五千。」主人說：「好，你這又良善又忠心的僕人，你在不多的事上有忠心，我要把許多事派你管理；可以進來享受你主人的快樂。」那領二千的也來，說：「主啊，你交給我二千銀子。請看，我又賺了二千。」主人說：「好，你這又良善又忠心的僕人，你在不多的事上有忠心，我要把許多事派你管理；可以進來享受你主人的快樂。」那領一千的也來，說：「主

啊,我知道你是忍心的人,沒有種的地方要收割,沒有散的地方要聚斂,我就害怕,去把你的一千銀子埋藏在地裡。請看,你的原銀子在這裡。」主人回答說:「你這又惡又懶的僕人,你既知道我沒有種的地方要收割,沒有散的地方要聚斂,就當把我的銀子放給兌換銀錢的人,到我來的時候,可以連本帶利收回。奪過他這一千來,給那有一萬的。因為凡有的,還要加給他,叫他有餘;沒有的,連他所有的也要奪過來。把這無用的僕人丟在外面黑暗裡;在那裡必要哀哭切齒了。」

馬太福音25:14–30

讓我們試著延伸這個故事,處理第三個僕人的比較心理,讓他藉由對話解決心中盲點,看清自己的錯行。

💬**僕人**:主人哪!你可別這樣把我丟在外面的黑暗裡呀!

💬**主人**:為什麼不能?你這逃避責任、一事無成的僕人有何用?

💬**僕人**:話不是這樣說呀!我把主人交代的一千兩銀子埋起來也是出於好意,我資質比較差,不希望最後虧了錢,不好跟您交代,畢竟主人的錢得來不易,萬一真虧了我豈不更失職?所以我兩害相權取其輕,我是真的有認真評估過喔!

主人：照你這麼說，那大僕、二僕不也可以這麼想？誰能保證他們不虧錢呢？要是虧，不就虧更大？

僕人：可是他們不同呀！

主人：哪裡不同啦？

僕人：大僕、二僕他們才能比我好，當然應該盡力去發揮才幹，不然就太可惜、太對不起主人了！

主人：誰說你才能差呢？為何你這麼認為呀？

僕人：我當然差啦！你看你給大僕五千兩銀子、給二僕二千兩，卻只給我一千兩！這不就很明顯嗎？給最多的一定是最有才的，因為他會賺更多；給最少的，當然能力最低呀！

主人：誰跟你這樣講的？給他資金多一定表示才幹最大嗎？

僕人：是啊！難道您還有其他解釋嗎？

主人：那麼我問你，如果你有三個兒子，老大能力最強、老二能力平常、老三能力最弱。作父母的會把多一點資金給

能力強的還是弱的？

僕人：我想……應該是給……能力較差的……

主人：為什麼呢？

僕人：因為……若以父母的態度，當然希望弱的也能活得好，畢竟強的自有能力好好發展，但弱的可能需要更多幫助才發展得起來。

主人：若是如此，你是三個僕人中分配最少的，你覺得自己是強的還是弱的？

僕人：……應該……是強吧！

主人：那你有這樣看待自己嗎？為什麼你不用這個角度解讀？

僕人：是的，主人！我以為我拿最少的資金，證明我是最差的，因此我怕自己做不好，還不如藏好，才能原封不動還你。現在我明白了，原來事情不見得是我想的那樣……可是主人，你原本真的是那樣想的嗎？

主人：我怎麼想不是重點，你怎麼看、怎麼想才是重點。

僕人：可是我們明明是主僕關係，不是父子關係！

主人：但你想晞，主人要到遠方，他會把財產交給兒女經營，還是給僕人？

僕人：應該是給自己的兒女的……我明白了，原來您是用對待兒女的方法來對待僕人？

主人：是的！我繼續問你，大僕拿了五千兩，後來他賺了五千；二僕拿了二千兩，他賺了二千；你拿了一千，照理應該賺多少？

僕人：應該是一千吧！

主人：是，既然是依照比例原則，這跟你說的才幹能力有關嗎？

三僕：咦！對耶，這樣說起來，原來我的恩賜才能與大僕、二僕並沒有差別，我從來沒有想到是這樣呀！

主人：其實給你們不同金額，可以考驗你們解讀這件事的眼光，也考驗你們對我的信任，這信任包括你們怎樣看待我這個主人，以及自己與主人的關係。

💬 僕人：也就是說，我們拿了這筆資金後的表現，其實是展現出我們對你的信心狀態，而不是我們對自己的信心狀態？

💬 主人：沒錯，你負評了主人的用意，將所得一千兩銀子資金解讀成你是才華最少的，同時你也認為我是無情的，會找你麻煩。我認為就算給你更多錢，你依然會負面消極地看待，例如當你得五千兩的時候可能會說：「這壓力太大了，萬一虧了，我一輩子也還不了！而且主人這樣做不公平，為什麼要我扛比別人重的責任？畢竟這錢賺了也不歸我，我幹嘛冒這個險呀？」若你是二僕也可以說：「這資金說少不少、說多又不夠多；大買賣做不起，小生意又賺不了錢，主人幹嘛給我這數字呀？要不給我多些，做生意好做；要嘛給我少些，這樣少賺還有話說；可就給我不多也不少，真是為難呀！」你看每個人要找藉口一定不缺合理的解釋，但這樣的思維模式只會讓人逃避退縮、不負責任，一點造就性都沒有！更別說你對主人的為人、做這件事的用意，充滿自以為是的誤解，可以說對主人不認同、不信任；對自己沒有自信，全盤皆輸！

💬 僕人：原來主人這樣做，顯明了我錯誤的比較心理。

💬 主人：是的，所以我才對你們說：「凡有的，還要加給他，

叫他有餘；沒有的，連他所有的也要奪過來。」**(馬太福音25：29)**

這段比喻故事除了讓我們看到，當一個人替自己的惰性找到合理解釋時，便能放心貪圖罪中之樂、減少罪惡感。耶穌傳道後期所作的這個比喻，更是想告訴大家，有一天每個人都要受上帝審判，對一生功過作個交代。

給三僕的把脈建言

適當的自我感覺良好是自信，超出範圍就成了驕傲；適切地感到比不上別人，能使自己謙卑，若超出範圍則成了自卑；適當比較是切磋激勵，不當的比較就成了嫉妒。諸如此類的拿捏用度自己要掌握，讓個性往好的方向發展：

❶培養積極正向的思考模式

主人發給三位僕人資金，要他們各自發揮所長，藉機考驗他們的能力。主人給僕人不同金額，並未表示誰的才能多、誰的才能少，上述推理中也說明三個僕人的才能可能是一樣的！也就是說我們要建造健康的自我觀、培養積極正向的思考模式，將有機會改變事情的走向。

❷建立友好的同儕關係

假設第三位僕人能在日常生活中與一僕、二僕建立良好關係，需要時懂得討教，請求支援助其一臂之力，故事可能有不同的發展。他甚至能成為資源整合協調人，使能幹的人為他做事，也是翻轉生命的機會。

❸與主人坦誠溝通

第三位僕人若心裡真的很困擾，擔心這筆資金被自己虧了不好交代，他應該立刻跟主人談談，讓主人知道自己的擔憂，同時表明自己不是懶惰不負責任，或許主人會跟他說：「沒關係，你儘管去做，若真的盡力了，我不會怪你。」

相互比較原是上帝置入人心的本能，讓我們不必每件事都等別人來提醒。因為透過環境、人群中的觀察，有助於我們學習、自勉。然而若是誤用這個資源，便會引出斤斤計較、嫉妒、驕傲、自卑、自私、見不得人好、排斥歧視等人性黑暗面，遠離上帝的A計畫，實在可惜！下一章我們要繼續探討跟比較心理有關的故事，進一步改變我們的思想習慣、得著智慧。

第七章

因爭競而比較，還是為成長比較？

常言道：「人比人，氣死人」；為何不說「人比人，造就人」？人與人之間自然有所比較，但我們可以藉由自覺與調整心態，讓「比較」造就激勵自己，而非引起計較、嫉妒、不平。

故事一：葡萄園裡的「公平」

「知人知面不知心」沒事發生時大家好來好去，一旦有事發生，才顯露出真面目。葡萄園的比喻是耶穌眾多比喻中十分經典的一個，看似違反常理的行為，卻呈現人性種種問題。

WHAT THE BIBLE SAYS

因為天國好像家主清早 (6:00) 去雇人進他的葡萄園做工，和工人講定一天一錢銀子，就打發他們進葡萄園去。約在巳初 (9:00) 出去，看見市上還有閒站的人，就對他們說：「你們也進葡萄園去，所當給的，我必給你們。」他們也進去了。約在午正 (12:00) 和申初 (15:00) 又出去，也是這樣行。約在酉初 (17:00) 出去，看見還有人站在那裡，就問他們說：「你們為甚麼整天在這裡閒站呢？」他們說：「因為沒有人雇我們。」他說：「你們也進葡萄園去。」到了晚上 (18:00)，園主對管事的說：「叫工人都來，給他們工錢，從後來的起，到先來的為止。」約在酉初雇的人來了，各人得了一錢銀子。及至那先雇的來了，他們以為必要多得；誰知也是各得一錢。他們得了，就埋怨家主說：

「我們整天勞苦受熱，那後來的只做了一小時，你
竟叫他們和我們一樣嗎？」家主回答其中的一人說：
「朋友，我不虧負你，你與我講定的不是一錢銀子
嗎？拿你的走吧！我給那後來的和給你一樣，這是我
願意的。我的東西難道不可隨我的意思用嗎？因為
我作好人，你就紅了眼嗎？」這樣，那在後的，將要
在前；在前的，將要在後了。

馬太福音20：1–16

接下來我們模擬特派記者的採訪，探究每個人的感受心情：

記者：各位讀者朋友平安，葡萄園特派記者在此問候大
家。今天葡萄園的工作如往常一樣忙碌，但情況有些不尋
常，讓我來為讀者進行訪問與報導。

今天園主一早就到街上找工人進葡萄園工作。奇特的是，
通常人數一次就會找齊，可是今天主人卻在不同時間，陸
續找人進園工作。更讓人不解的是，到晚上收工時，早來
晚來的工人都給一樣的工資，因此引發了騷動和議論。現
在就讓我來訪問相關人物，聽聽他們對今天的經歷有何看
法。

記者：各位葡萄園夥伴們大家好，我是葡萄園記者，想請
教大家對今天工作的看法。你們分別在不同時段前來工
作，但領的工資卻都一樣。請問這位大叔，您覺得今天工

作順利嗎？你是幾點來工作的？看你的臉色不是很開心喔？

工人甲：真是豈有此理！我活到這麼大歲數還真沒見過這樣做事的。我一早六點就跟主人來園裡工作，做到傍晚六點，一共十二個小時，主人給了我一錢銀子。後來主人又陸續找了工人來，最晚一批是下午五點來的，只做一個鐘頭。結果園主發工資，竟然一律發給一錢銀子！怎麼可以這樣呢？實在有欠公道！我一整天汗流浹背、耗盡體力，得到的工資卻跟傍晚來的一樣，這太不公平了，哪能服眾呀？

記者：這樣發工資，的確很奇怪，難怪你們不開心，好像自己的付出被虧待了，是嗎？這叫同酬不同工吧？那麼你覺得主人該怎麼發工資呢？

工人甲：就正常發工資啊，早來做得多，就多領；晚來做得少，就應該少領，很簡單啊！

記者：的確一般發工資是這樣。但我想請問你，你覺得主要問題是出在主人給你太少、不公平，還是主人不該給晚來的人一樣工資？假設你是那些晚來的工人，領到的也是一天工資，你的反應又是如何？

💬 **工人甲**：嗯，這……話不是這樣講……

💬 **記者問在場所有人**：請問誰是中午才來工作的？請問你們為什麼中午才來葡萄園呢？

💬 **工人乙**：我其實一早也到了工人聚集的待工區，雖然有幾個園主或工頭來雇工人，可是一直都沒人給我工作，所以我只好繼續在那裡等，看看後續還有沒有其他機會。不過當下有好些人就離開了，他們覺得等也是白等。我的朋友也要我放棄，別傻傻地等了，外頭太陽曬著，都快中午了，不會有人這時候還來找工人的！還記得當時我心裡很受影響，覺得他們說得對，若是白等一天也很浪費時間，想想乾脆跟其他人一起離開算了！

💬 **記者**：那麼為何你後來沒有跟大家一起離開？什麼原因讓你留下來繼續等呢？

💬 **工人乙**：其實我心裡很焦急，想到家人靠我工作才能糊口，若回去也只是讓家人失望，感覺很虧欠，對不起他們，才想說留下來再等看看。即使真沒機會，至少我盡力等了一天，沒有偷懶，也沒有逃避！

147

💬 **記者**：既然你中午才來工作，後來卻拿到一天的工資，你

的感受是？還有，當你看到傍晚來的，做得比你更少，卻領跟你一樣的工資，又有什麼看法呢？

工人乙：我心裡很感恩，我明白我們這些後來的人領到這樣的工資絕對是不配的，但主人給我們的是養家所需，實在非常感謝他，不但為自己感謝，也替那些晚來的工人能領到這樣的工資高興！

記者：謝謝你的分享！那麼請問有誰是傍晚才來工作的？是否可以談一下，你們為什麼接近收工時間才來？

工人丙：今天我等了一整天，心情很複雜，一早沒有被業主選上，沒工作，蠻失望的！一會兒覺得自己運氣不好、一會兒覺得自己能力不夠，不然就是覺得業主糊塗、不公平，或者認為被選上的人是靠關係！總之我想若是今天沒拿工資回去，家人生活就更拮据了。

記者：那什麼原因讓你一直等到五點也不離開、不放棄呢？

工人丙：我想是責任吧！我告訴我自己，不管今天有沒有工作，我的任務就是要待在等候的位置上，這也是我對家人的責任。

記者：我想身為你們的家人，一定很以你們為榮，因為你們實在是可以信賴的家長。那麼當園主最後找你們來工作，你的心情如何？特別是所給的工資不是一個鐘頭的工資，是一天的工資，我想你當時一定傻啦！

工人丙：是啊！真是這樣。當時我們幾個人最後一批到，很訝異怎會有人在這種時候出來找工人？但總之能做多少算多少，都等一天了，至少不算白等呀！當時主人沒說會給多少工資，反正這時候也不需要談價錢了，他愛給多少就給多少吧！至少最後還有點時間在工作，就不算太悲慘了。只是沒想到後來拿到工資一看，竟然是一天的工資！一開始還以為他發錯了，當下不禁激動地紅了眼眶。實在很感謝園主的愛心，不僅讓我來工作，還給我這麼多，真的非常感激他。

記者：原來是這樣。我相信你們晚來的，能拿到一天工資一定很開心。但主人這麼做，似乎也讓一早就來工作的人感到不公平，因為付出的時間、勞力實在不成比例！

工人丙：當我知道我拿的工資跟比我早來的工人一樣時，心裡的確對他們有點不好意思，好像佔了他們便宜似的。想想他們會感到不平衡也是正常的吧！但其實我很想跟清早來工作的朋友們說，我寧可像他們這樣！畢竟我這天過

149

得也很不容易，心裡糾結不安。我寧願一早就有工作，靠勞力賺取應得的工資，心裡踏實輕鬆，也在工作上享受成就。光是這一點，就遠超過只做一個鐘頭，卻心理忐忑不安、提心吊膽的狀況。

💬**記者**：那我想問你，今天有了這個特別的經驗，你會希望明天早點有活幹，還是像今天這樣，晚晚再來？

💬**工人丙**：如果明天還能有機會再到葡萄園工作，我當然希望能一早就來，因為主人用意不是要我們佔便宜，而是給我們機會！

💬**記者**：你說得很好，也蠻有道理。那麼清早就來工作的夥伴們，你們的看法都跟工人甲一樣覺得不滿嗎？當中有沒有人正面看待園主做法的？可不可以講一下你們的看法？

💬**工人丁**：我想說說我的想法。我能理解工人甲不平的感受，但我們身為雇工的，其實也都了解找不到工作的處境，因為我們多少也經歷過同樣的狀況。今天我看到園主從早到晚一直找工人來，我們也看得出這並不是葡萄園工人不夠，而是主人體恤那些沒工作者的需要。我們一早就被主人找來了，也講定一天工資一錢銀子，所以這一點主人並沒有失約。我們這些從早做到晚的人，工資雖然跟晚

來的人一樣，可是我們已經獲得原本所需，讓家人生活可以維持。所以我不會因園主幫助了需要的人而感到不平。我為自己有工作感恩，也為晚來卻得到一天工資的人感恩，這個園主不是瘋了，他其實是大發慈悲的！

💬 **工人戊：**我是清早就來工作的那批，我也想分享我的感受。今天我其實很掛心，因為我兒子帶孫子去看醫生，沒能一起來上工。當今天園主陸續到街上找工人時，我也希望兒子能再被找來，可是每一批新來的工人中，都沒看到他的人影，就令我更焦躁、心情更沉重了，因為這表示孫子的病還沒好轉，這麼一來兒子沒去工作，家裡收入就成了問題。沒想到當最後一批工人進園子時，我看到兒子竟然來了！當時我心裡那塊大石頭終於落下。不過我心想，都已經到了傍晚時分，馬上要收工了，這時進來還能得多少工價呢？恐怕連食物都不夠買吧？結果領工資時，看到主人竟然給他一整天的工資，當下我跟他一樣很激動，覺得這樣的園主，實在值得我們為他好好工作，我祝福他的葡萄園今年大豐收！

工人戊話一說完，現場紛紛響起鼓勵的掌聲。正當現場氣氛充滿溫馨之時，園主也來到現場。

💬 **記者：**非常謝謝大家真誠地分享心得。我想這場採訪若沒

有包括主人，就有點遺憾。所以我希望聽聽主人心裡的話。園主您好，今天您的做法讓人有些不解，有的人生氣、有的人感謝，請問您今天這樣做有何用意？

💬 **主人**：首先，我要謝謝各位父老兄弟今天在葡萄園的辛勞，你們所做的實在帶給葡萄園很大的幫助。今天我之所以會三番兩次到街上找工人，因為我知道大家生活都不容易，你們一直在崗位上等候，也表示你們是為家、為生活努力的人。所以我心裡一直掛念著大家，腦海浮現你們在街上等不到工作時，引頸期盼卻又落寞的表情，這讓我一而再、再而三地把你們找來，希望你們能明白：只要不放棄，總有機會；要負起責任，好事才會發生。

當然，你們來工作的時間有所不同，但我把你們當作家人一樣看待，不會跟你們計較工資，我也希望其他夥伴這樣看待彼此，把葡萄園當作大家庭，使它成為每一個人的祝福，大家養家糊口、賴以為生，在工作上建立信任的友誼。而你們所做的也能祝福葡萄園、多結果子，豐收時一起享受成果、歡樂慶祝！

主人話一說完，現場再次爆出熱烈叫好聲，許多工人也紅了眼，一切不愉快、不平衡的情緒一掃而空，大家心存感恩，相互道別。

記者最後將這篇採訪報導，刊登在葡萄園週報內，文章最後的結論是這樣寫的：世界這麼大，上帝卻沒有讓我們單獨過日子，人與人在一起工作、生活，一定會發生誤解摩擦、相互比較，但若容惡念蔓延，葡萄園頓時即成地獄谷；若能以天父的心腸看待彼此，像家人般將心比心，葡萄園立即成為天樂園。未來就讓我們一起，從心建造一座「葡萄心樂園」！

故事二：浪子一家的回與悔

另一個與「比較心理」有關的比喻是浪子的故事，記載在路加福音。一個小兒子厭煩無趣的農莊工作與生活，要求提前分家產，離家闖蕩一番，然而後來卻在城裡吃喝玩樂、敗光所有財富，酒肉朋友逐漸離他遠去，最後落得養豬的下場。在一番自省後，小兒子決定回到慈父身邊，請求原諒，並以工人身分祈求收留。故事的下半段如下：

WHAT THE BIBLE SAYS

於是起來，往他父親那裡去。相離還遠，他父親看見，就動了慈心，跑去抱著他的頸項，連連與他親嘴。兒子說：「父親！我得罪了天，又得罪了你；從今以後，我不配稱為你的兒子。」父親卻吩咐僕人說：「把那上好的袍子快拿出來給他穿；把戒指戴在他指頭上；把鞋穿在他腳上；把那肥牛犢牽來宰了，我們可以吃喝快樂；因為我這個兒子是死而復活，失而

又得的。」他們就快樂起來。那時，大兒子正在田裡。
他回來，離家不遠，聽見作樂跳舞的聲音，便叫過一
個僕人來，問是甚麼事。僕人說：「你兄弟來了；你父
親因為得他無災無病地回來，把肥牛犢宰了。」大兒
子卻生氣，不肯進去；他父親就出來勸他。他對父親
說：「我服事你這多年，從來沒有違背過你的命，你
並沒有給我一隻山羊羔，叫我和朋友一同快樂。但你
這個兒子和娼妓吞盡了你的產業，他一來了，你倒
為他宰了肥牛犢。」父親對他說：「兒啊！你常和我同
在，我一切所有的都是你的；只是你這個兄弟是死而
復活、失而又得的，所以我們理當歡喜快樂。」

路加福音15：20-32

故事中的大哥見到那位敗家的小弟竟還有臉回來投靠父親，
而父親竟然也二話不說立刻接納他，毫無條件、沒有責怪，甚
至歡天喜地，讓大哥一看到這場面，難以接受、義憤填膺！

筆者建議大哥找一間「公義慈愛顧問諮商公司」，指導他如何
因應這種情況。後來經過大哥的說明，也經諮商公司人員調
查後，公司列舉一張個案報告及解決方案單，記載如下：

本案緣起：

本公司受託甲方（大兒子）之委託，給予個人及家庭狀況可行建議，以期改善家庭內部問題。

報告根據：

❶大哥自敘

❷訪視父親的問答紀錄

❸約談小兒子的談話紀錄

❹受託參與重建家人的管家自敘

問題分析：

本案主為家中長子，惟因次子弟弟要求分產，離家遠行。家父日夜懷憂思念，直到日前胞弟耗盡家產、窮途末路，終於倦鳥返巢。其父見子心喜，無條件接納，遂令長兄難以諒解、心生不平。他對胞弟在外享盡宴樂、揮霍無度，如今卻不知廉恥返家投靠父老，讓終年盡忠職守的自己深感不平。他覺得父親固然慈悲為懷，卻欠缺公義原則，當小弟耗盡家產返家，竟立刻生宰肥牛以示慶祝。父親如此處置讓大兒子難以接受，十

分失望！此事若沒有積極處裡改善，可能埋下未來家庭不合的種子。以下列舉可能發生的負面效應：

❶兄弟關係緊張

大哥不能接納弟弟回家，導致家庭關係緊張。大哥容易注意小弟毛病，小弟則因過去做錯事愧疚在心，能力短期未見提升，心有餘力不足。大哥的排擠讓他無法感受家庭溫暖，與在外流浪沒什麼差別。

❷兄與父之親子關係疏離

老邁父親，天天引頸期盼小兒子歸巢，恐怕讓大兒子感到不被看重。由於自己的努力沒有得到太多關注和賞識，反而是悖逆不肖的弟弟受到更多期盼與恩惠。換句話說，順服而盡忠職守的表現不受嘉許；投機者反而受到歡迎，這種狀況自然會影響大哥與父親的關係，也讓大兒子對父親的偏心失望透頂。

❸家僕工人選邊站

大兒子與工人長期共事，必有其支持者；父親身邊也有忠心耿耿的長工管家，傾向支持小兒子。兩派不甘示弱，未來必有所較量，遲早摩擦不合。

「公義慈愛顧問諮商公司」針對問題癥結之釐清分析：

案主家庭的問題主要來自三方面：首先，胞弟回來是否故技重施、覬覦已不屬他之產業？萬一父親再仁慈以對，按其所求再次被騙，將使長子權益受到虧損。二來，胞弟一向光說不練，行事讓人難以信任，他好高騖遠、好逸惡勞，加上這段時間只跟一群酒肉朋友花天酒地、不務正業，以致窮困潦倒。如今回來若沒有加以訓練和要求，遲早故態復萌。而長子與父親缺乏互相體諒的心，長子認為父親偏心，忽略他長期以來對家庭的貢獻；父親則感到這位兄長缺乏寬宏包容之氣度。

「公義慈愛顧問諮商公司」針對上述問題，提供案主下列解決計畫：

❶財產歸屬明確

案主需與父親協商並取得共識，現有產業理當歸長子所有。按先前協定，次子已領取該分之產業，如今不得要求分產。此共識若清楚，可立文字單據簽名為憑。

❷重建次子品格

次子歸來固然謝天謝地，但是福或禍尚未明瞭。為避免江山易改、本性難移，需進一步安排「浪子回家生命重建計畫」，讓他認清往後之職責，洗心革面，重新做人。

❸設立監督教導專人

從家中選出一位有責任感、好品行的管家或僕人監督，作為次子的導師，擬定小兒子生命重建計畫，設立目標、步驟、獎懲辦法，定時評估計畫進度，視情況隨時作修正。

❹改善父子關係，相互了解與信任

家和萬事興，這個家從缺乏信任到彼此信任，不外乎得開啟溝通、為對方著想、誠信以對。

ⓐ 溝通──相互表達自己的想法與用意，重點不要放在對錯，而是去了解對方原本的善意，在不同意見中找到雙方願意接受、解決問題的做法。

ⓑ 為對方著想──若每個人專顧自己利益，只在意自己的面子和利益虧損，必傷人害己。應為對方著想，希望對方做對事、蒙上帝賜福。

ⓒ 誠信以對──大家都做個讓人信賴、有信用的人，答應的事盡可能做到、建立好信譽，關係就會轉好。

報告總結：

這家主要的三個角色，其實都可以為彼此帶來祝福：小兒子迷途知返、父親慈悲為懷、大哥寬容待之，絕對有機會來個Happy ending！如今卻因疏於正確處理，可能變成悲劇收場。希望本建議案能帶給這個家庭正確行動的方法，對現況有所幫助。若需進一步協助，請不吝提出並賜教！

祝願 蒙主恩典，家和業大，榮神益人！

公益慈愛顧問諮商公司 敬上

浪子一家的比喻是耶穌為了讓人明白天父的大愛，期待祂的子民能回轉歸向祂。故事中的兩個兒子都有同樣的問題，就是不了解為父的心、活在私心中。既然這是個比喻故事，耶穌也沒有刻意解釋怎樣理解才對，因此我們把它當作題材，練習解決問題的能力。

在輔導協談的培訓課程裡，筆者常指派大家討論如何輔導大兒子。例如弟弟好不容易回頭，哥哥見到父親善待弟弟而沒有責罰，可能會拒絕參與父親的慶祝宴會，跑去找朋友喝悶酒。若你是他的好友，該如何關心開導他，協助改善家裡的問題？多數扮演輔導者的學員，建議哥哥的話不外乎：「你應該為弟弟能活著回來高興才對呀！」、「他還懂得回來就不錯，沒有死在外面！」、「家和萬事興，你身為大哥的要多包容小弟，他以前不懂事，要原諒他，以和為貴。」、「你看弟弟回來，爸爸多開心，一家終於可以團圓啦！」表面看來似乎很合理，但這樣的輔導勸勉其實是失敗的！因為這些說詞會讓大哥覺得大家一味要他為弟弟著想、為爸爸著想，卻沒人為他著想！大家都把道理講得很好聽，卻沒人站在大哥的立場，這樣會讓他更難受、更委屈。而前面顧問公司所提的幾項建議，至少能透過實際的作為，帶給哥哥一些保障。

除了以上顧問公司的建議案外，筆者建議父親一開始應深入了解小兒子分財產、離家發展的想法，協助作出更詳細周全

的計畫，包括設定目標、培養專業能力、引介具相關專業及經驗的管道給他，除了彼此有個照應，也能藉此從旁協助或監督，讓小兒子一步一腳印實現理想、鍛鍊責任心。

另外對於大兒子，在父親等候浪子的漫漫長日期間，也可趁此造就大兒子了解為父的心腸，讓大兒子明白親情的重要可貴、長兄應有的氣度與責任。這番教導是為了萬一小兒子有一天真的回頭，而父親卻已過世，期望身為大哥的能接納手足，給予悔改機會，確保未來這對兄弟能有良好的關係！

耶穌用此比喻有其著重點，讓人了解天父對罪人的接納。此文僅藉此故事為例，探討處理事端的方式，並運用聖經原則作為彼此造就的練習。

比較心理是天生的，不須一味禁止，但絕對要善用此本性用在好的方面，不再「人比人氣死人，」而是欣賞別人的好，一起努力往前。這樣的心態健康，成熟，必能為自己和身邊人帶來正面且充滿祝福的效果！

第七章：因爭競而比較，還是為成長比較？

第八章

一開始就走
Plan A,
路就不難走!

人在受苦或遇到失敗、損失時，常有「早知如此，何必當初」的念頭。偏偏「千金難買早知道」，上帝並沒有給我們預知的能力，但上帝給了我們一項重要的能力，叫作「思考力」，絕對要善加使用！因為「成也思考，敗也思考」，我們之所以悔不當初，也是因為當時考量錯誤。我們要從經驗學習，讓未來更懂得作決定、解讀問題，並變得更有智慧。以下我們透過不同聖經故事，進行Plan B、Plan A的比對，讓我們對於選擇更有概念。

雅各與十二子之後代移居埃及歌珊地，四百三十年後如何更蒙福？(原版故事出自出埃及記第一章)

Plan B：如聖經所說，雅各的後代希伯來人在埃及原本受到貴賓規格禮遇、落腳最富饒的歌珊地，可是後來卻被苦待，成了基層都算不上的苦力奴隸！

Plan A：雅各與子女移居埃及歌珊地後，因他們敬畏上帝有智慧，加上身體力行，在約瑟還在世的時候，子孫已在埃及各領域中獲得受重用的地位，四百年後應不至於落到奴隸地步，即使上帝呼召他們回迦南地，也是Happy ending！

關鍵問題：約瑟若知道四百年後，希伯來人會變成埃及的

奴隸、任人迫害,他能做些什麼,以避免這樣的下場發生?

上帝A計畫的安排推理:約瑟可在希伯來人中成立教育訓練機構,教導敬畏上帝的信仰,包含智慧聰明的法則、做事能力與態度,及各樣有用的技能專業等,這些都是當時社會菁英所應具備的。如此一來,可將技術用來提升民生基礎建設,讓人民有更好的生活環境與品質,而非建造金字塔或神廟。這樣一來不僅可讓人民學習仁愛公義,避免未來暴政治國苦待以色列人,還可以鞏固民族信仰,遏止埃及氾濫的偶像精靈崇拜,讓希伯來人的後代像約瑟一樣居上不居下、作首不作尾。一旦時候滿足,上帝呼召離開埃及回到迦南地時,不至受到攔阻,反而能以埃及的外交手腕協助以色列民移居進駐,甚至長期維持友好關係,也將帶給埃及人各方面的祝福。

讀者思考:除了成立教育訓練機構,請讀者建議約瑟還能做些什麼?以降低後代被奴役的下場,不但不受埃及世俗文化、偶像與泛神宗教影響,還能影響埃及人敬畏上帝、國富民強。

沒有大衛,掃羅軍隊照樣贏非利士與歌利亞
(原版故事出自撒母耳記上17章)

這是聖經中家喻戶曉的故事，有趣且勵志，可鼓舞人勇於面對艱難考驗。但因這個故事太戲劇化，讓人將目光焦點放在大衛擊敗歌利亞，以小博大、以弱勝強這部分，其實當中還有更多可以學習的。

🅐 **Plan B：**非利士的巨人歌利亞出現，使掃羅軍隊「就逃跑，極其害怕」。

🅐 **Plan A：**掃羅的軍隊靠上帝挺身而出，勇敢戰勝非利士人及歌利亞，讓上帝的名不受羞辱，得到榮耀！

🅐 **關鍵問題：**歌利亞身高近三公尺，身上的戰衣就重約五十七公斤、武器近七公斤，且自幼習武，身經百戰，以色列軍隊沒人敢也無人能與他格鬥。更何況這一局要定勝負，承擔了國軍成敗之責，實在無人有此膽識勇氣！

🅐 **上帝A計畫的安排推理：**讀者、信徒都為幼小大衛的智仁勇表現喝采叫好，誇獎其信心勇氣值得肯定學習。試問，沒有大衛，以色列軍隊能贏這場仗嗎？上帝子民的軍隊是否本應可以打勝仗？這是A計畫或B計畫？作者認為應該是A計畫，因為上帝A計畫中的以色列軍隊不該膽怯害怕，他們理當靠上帝之名，使用平日鍛鍊的作戰技能足以戰勝！反而大衛是未受軍事訓練的牧童，這戰役不該是他

參與的，因為依照神制訂權柄職責的法則，這任務本不屬
於大衛，只是因以色列軍害怕畏縮；大衛勇敢與敬畏神，
上帝就揀選他做奇妙的事。這一舉，也成了他人生的轉捩
點！後世基督徒將目光集中於大衛的神勇傳奇，卻忽略了
原本上帝想藉由以色列軍打勝仗的A計畫。作者認為以色
列軍應客觀觀察重新思考、振作士氣。

按聖經故事描述，歌利亞說：「我今日向以色列人的軍隊罵
陣。你們叫一個人出來，與我戰鬥。」那非利士人早晚都出來
站著，如此四十日。(撒母耳記上17：10，16) 也就是歌利亞每天重複
做一樣的動作，就是罵陣，而且一連做了四十天，反觀非利士
軍隊的其他士兵完全沒有什麼作為。這明顯讓人感覺非利士
人除了歌利亞厲害之外，再沒有其他強人了。理由很簡單，有
能力的戰士看到懦弱的以色列軍隊，是很難按捺住性子什麼
都不做。稍有能力的士兵總希望趕緊打勝仗，不但大快人心，
還可快點結束戰事回家與家人相聚。但偏偏歹戲拖棚，天天
上演歌利亞罵陣的戲碼，這樣也能拖四十天，看來這敵軍應
該不怎麼樣，當時以色列人應派人潛入後方打探，即可確認
猜測是否屬實！

所以當歌利亞要以色列軍隊派代表跟他對打以定勝負，以色
列方大可不必選擇個別決勝負，而以常態對決，不須聽從歌
利亞的建議。以色列軍若按原來的打仗模式，必定打贏非利

士人，後來也證明了對方除了歌利亞看似強大之外，其他的
士兵比以色列軍還弱。

WHAT THE BIBLE SAYS

> 非利士眾人看見他們討戰的勇士死了，就都逃跑。以
> 色列人和猶大人便起身吶喊，追趕非利士人，直到迦
> 特和以革倫的城門。被殺的非利士人倒在沙拉音的
> 路上，直到迦特和以革倫。以色列人追趕非利士人回
> 來，就奪了他們的營盤。
>
> 撒母耳記上17：51-53

若是我們的推理屬實，以色列軍為何沒有採取合力迎戰，或
是主動攻擊呢？因為他們的注意力完全集中在讓他們聞之
喪膽的歌利亞身上，以至於驚嚇過度，失去了常態的思考能
力。是的，只要他們眼光與思緒天天被歌利亞罵陣的畫面給
佔滿，害怕逃避就是自然的情緒反應了！平時累積的信仰、理
性、自信等都起不了作用，他們就如驚弓之鳥，不攻自破。

今天我們遭逢災難困頓時，是不是也像以色列軍一樣被嚇得
無法行動？所看到的盡是這也不行、那也不行，不知如何是
好？有時機會和出路十分明顯，但當我們將注意力集中在無
解的問題上，自己便顯得格外脆弱、不堪一擊。我到過許多教
會機構，難免聽到抱怨無奈的聲音，這些人論及的雖非假造
謠言，但總是盯著這些問題、無奈討論只會繼續虧損，就像掃

羅的士兵自亂陣腳、自慚形穢，殊不知得勝在望，成功就在咫
尺！只要冷靜思索，別盯著歌利亞身材高大長他人之風；而是
專注找尋上帝預備的機會出路，培養解決問題導向的思考習
慣，方能自信出擊！

讀者思考：請讀者進到當時情境，想像若沒有大衛，以掃
　　與以色列軍隊是否還有其他客觀得勝的理由？請在這故事
　　中，找到原本有勝算的理由。

暗嫩強暴案的危機處理（原版故事出處：撒母耳記下13章）

Plan B：大衛兒子暗嫩愛同父異母的妹子她瑪，甚至思念
　　成疾。堂哥約拿達給他出了餿主意，暗嫩就裝病臥床並要
　　求她瑪照料，且支開隨從，趁機強暴玷汙了她。得逞之後
　　竟始亂終棄，趕她出門，讓失了貞操的她瑪羞憤交加。城
　　府深且善記仇的她瑪親哥哥押沙龍得知此事後，看到父親
　　大衛王憤怒之餘未作任何懲處，憑白讓她瑪受如此委屈，
　　於是設計報仇，邀眾王子赴剪羊毛的豐收慶宴，趁此機會
　　派僕人殺了暗嫩。父親大衛雖感悲憤，仍舊逃避冷處理，
　　導致押沙龍走向叛變之路，一齣宮廷皇室弒親決鬥戲碼展
　　開，悲劇接二連三，令人扼腕悲嘆！

Plan A：這段故事涉及幾個關鍵人物的錯行並且環環相

扣，前一個錯行若修正，就不會發生下一步的錯誤：

❶暗嫩愛同父異母妹子她瑪，可大方友善表示好感，親自或藉助朋友至親，打探她瑪接受其示好之意願，再進一步追求與迎娶。

❷堂哥約拿達是暗嫩好友，應給予正確的建議，協助兩人正當交往。當下暗嫩衝動強暴她瑪，不確定是否為約拿達的主意，但也是從他而起！

❸她瑪受邀服侍臥病在床的哥哥暗嫩，暗嫩可藉此機會與她談話、互相了解，趁機表達好感情誼，日後可安排見面表達謝意，增進培養感情的機會。

❹暗嫩趁機強暴她瑪，她瑪的反應很正確，在危急當下還冷靜苦言相勸，所說的話也都十分得當。無奈暗嫩還是強行玷辱了她。她說的這段話雖沒有改變暗嫩惡行，但情急下仍值得使用：

撒母耳記下13：12－13她瑪說：

「我哥哥」：仍然保持敬重的態度，提醒你是我哥哥，理應善待愛護我，我是你妹妹，應該受你保護。

「不要玷辱我」：你不該傷害我，嚴重傷害我的名節！

「以色列人中不當這樣行」：這麼做是違法、有刑責的。

「你不要做這醜事」：你我身為皇室成員，這行為太失身分體統了。

「你在以色列中也成了愚妄人」：你的名譽也將全毀，成為魯莽愚昧的惡棍！

「你可以求王，他必不禁止我歸你」：一樣可達成目的，但有更好的辦法皆大歡喜，請你試試！

❺ 暗嫩的敗壞在於一錯再錯，事實上他若能在犯下第一個錯後清醒過來，悔罪且正式娶她瑪．善待她，還是能重新開始、建立幸福的家庭。但暗嫩強暴了親妹，卻又逐她出門：

WHAT THE BIBLE SAYS

隨後，暗嫩極其恨她，那恨她的心比先前愛她的心更甚，對她說：「你起來，去吧！」她瑪說：「不要這樣！你趕出我去的這罪比你才行的更重！」但暗嫩不肯聽她的話，就叫伺候自己的僕人來，說：「將這個女子趕出去！她一出去，你就關門，上閂。」那時她瑪穿著彩衣，因為沒有出嫁的公主都是這樣穿。暗嫩的僕人就把她趕出去，關門上閂。她瑪把灰塵撒在頭上，撕裂所穿的彩衣，以手抱頭，一面行走，一面哭喊。
撒母耳記下13：15-19

很難理解為何暗嫩愛她瑪思念成疾，但強暴她後卻立刻反目成仇？聖經形容「極其恨她，那恨她的心比先前愛她的心更

甚。」讓人感嘆暗嫩的愛如此短暫，品格自私卑劣到極點，算是聖經中渣男排名數一數二的！筆者猜測很可能暗嫩在逞一時之慾後回過神來，發現此行不但觸犯法律，還可能毀了身為王子大好前程，於是想立刻將她瑪趕逐出門、矢口否認犯行，以保自己聲譽。

不論年輕或年長，鑄下大錯後的危機處理，可能是後半輩子發展的關鍵。因此犯錯後如何收拾是值得教育的課題。像暗嫩若能在錯行後負起責任，如她瑪的建議明媒正娶，掩蓋這次的無知衝動，也實在可以亡羊補牢，不至造成一連串的宮廷悲劇。相反的，他卻執迷不悟，用其他錯行繼續掩蓋，使虧損傷害接踵而來。從聖經記載得知，她瑪的哥哥押沙龍懷恨在心、伺機而動，宮廷腹黑行動再度上演：

WHAT THE BIBLE SAYS

過了兩年，在靠近以法蓮的巴力・夏瑣有人為押沙龍剪羊毛；押沙龍請王的眾子與他同去。押沙龍來見王，說：「現在有人為僕人剪羊毛，請王和王的臣僕與僕人同去。」王對押沙龍說：「我兒，我們不必都去，恐怕使你耗費太多。」押沙龍再三請王，王仍是不肯去，只為他祝福。押沙龍說：「王若不去，求王許我哥哥暗嫩同去。」王說：「何必要他去呢？」押沙龍再三求王，王就許暗嫩和王的眾子與他同去。押沙龍吩咐僕人說：「你們注意，看暗嫩飲酒暢快的時候，我對你們說殺暗嫩，你們便殺他，不要懼怕。這不是

我吩咐你們的嗎？你們只管壯膽奮勇！」押沙龍的僕
人就照押沙龍所吩咐的，向暗嫩行了。王的眾子都起
來，各人騎上騾子，逃跑了。

撒母耳記下13：23-29

故事說「過了兩年」，中國人說君子報仇，三年不晚。兩年時間
不算短，足以讓暗嫩想法子挽救過錯，或讓大衛採取行動主
持公道。但做錯者逃避拖拉，希望問題不了了之、自動消失。
亞當夏娃初嘗禁果後也是躲起來；猶大甚至以自縊逃避自己
所造的錯。如果他們能及時悔過，結局會如何呢？

可以想像這種情況對押沙龍來說實在憤恨難耐，暗嫩無情地
傷害妹妹、毀了她一輩子的幸福，還不見悔意。父親大衛王竟
然也不出面主持公道，實在讓押沙龍嚥不下這口氣，就像我
們見不到上帝彰顯公義時，只想靠自己爭取！但上帝真是這
樣嗎？

上帝A計畫之給押沙龍的建議

❶事發後給父王信息，建議他出面主持公道

一般認為大衛曾奪人妻、謀殺人夫，對於暗嫩的惡行自感
心虛，所以才消極處理、逃避出面裁決。此時若有人提醒
和催促，將有助於君王出面維持正義。不論是親自告知，

或請人捎信，應當正式告知大衛此事非同小可，若不盡快處理，後患無窮，同時幫大衛分析積極處理與不處理各自的效應。

❷結伴揪團請父王積極處理

若進行上述步驟後，仍不見大衛的積極行動，可進一步邀約受敬重長者同行，表示並非個人偏見，可增加說服效果。就像耶穌建議：「他若不聽，你就另外帶一兩個人同去，要憑兩三個人的口作見證，句句都可定準。」(馬太福音18：16) 依照聖經所記，當時有好些大衛信賴的人物都可協助諫言提醒，如先知拿單、先見迦得 (歷代志下29：25)、以迦和約珥都是大衛手下的勇士 (歷代志上11：38)；亞希多弗是大衛料事如神的謀士、約押是元帥，這些人物都是大衛親信，押沙龍若能找其中幾位一同力勸大衛、處理暗嫩惡行，或關心押沙龍的行為，將能改變後續情勢發展，化解悲劇發生。

❸向暗嫩與其母親告知，盼望悔改面對問題

以上做法也可嘗試用在暗嫩和他母親亞希暖身上，以引起暗嫩悔意、解決問題。

❹交託上帝，不因作惡心懷不平！

俗話說：「人在做，天在看。」大衛的詩：「不要為作惡的心懷不平，也不要向那行不義的生出嫉妒。」**(詩篇 37：1)**「親愛的弟兄，不要自己伸冤，寧可讓步，聽憑主怒；因為經上記著：主說：『伸冤在我，我必報應。』」**(羅馬書 12：19)** 操之過急，或是自行報復，都是對上帝的不信任，覺得祂不能伸張正義，需要靠自己來。

有時我們看到好人受到不義對待、不得伸冤，但作惡者似乎沒有受到制裁，便拿別人的錯行作為自己犯錯行惡的理由。其實上帝是人類終極的管理掌權者，必會進行審判與裁決，到時才是最終的賞罰時刻。「因為掩藏的事，沒有不顯出來的；隱瞞的事，沒有不露出來的。」**(馬可福音4：22)**「我又告訴你們，凡人所說的閒話，當審判的日子，必要句句供出來；因為要憑你的話定你為義，也要憑你的話定你有罪。」**(馬太福音12：36－37)**「因為我們眾人必要在基督臺前顯露出來，叫各人按著本身所行的，或善或惡受報。」**(哥林多後書5：10)** 要知道遇到不公不義傷害的事情，我們並非只任人宰割。我們對犯錯者能做的，就是讓他回轉做對的事，若沒有試圖造就對方，那麼這次的得罪傷害就不值得了。我們應當學習在受到不當對待後，同時包容、饒恕、愛仇敵，並且進一步造就犯錯者改正，如此一來神的子民在世界上才有積極的影響力。

本段反思提問

請給押沙龍建議，在面對妹妹不白之冤、暗嫩可惡至極卻逍遙法外時，怎麼做較符合上帝的期待？

彼得在大祭司院子裡，面對有人指出他是耶穌門徒時……（原版故事出處：馬可福音14：66－72）

Ⓐ **Plan B**：當耶穌被帶到大祭司該亞法的院子受審時，彼得和約翰偷偷跟了進去，約翰似乎沒有畏懼地到前方了解審問狀況；彼得卻混藏在院子裡火堆取暖的人中。這時來了大祭司的使女，見彼得烤火，就看著他說：「你素來也是同拿撒勒人耶穌一夥的。」彼得卻不承認，說：「我不知道，也不明白你說的是什麼。」於是出來，到了前院，雞就叫了。那使女看見他，又對旁邊站著的人說：「這也是他們一黨的。」彼得又不承認。過了不多的時候，旁邊站著的人又對彼得說：「你真是他們一黨的！因為你是加利利人。」彼得就發咒起誓地說：「我不認得你們說的這個人。」立時雞叫了第二遍。彼得想起耶穌對他所說的話：「雞叫兩遍以先，你要三次不認我。」思想起來，就哭了。

Ⓐ **Plan A**：彼得面對使女認出他與基督一夥，其實可以勇敢

承認他是耶穌的門徒：

❶羅馬是法治國家，猶太人不能自訂私刑

耶穌之所以被捉，甚至判刑，是因為耶穌原要走苦路、為人犧牲，才不開口申辯；耶穌若願申辯，他們就找不到正當性定其罪名。若彼得被問及是耶穌的跟從者，其實可以為自己不曾犯法而申辯，毋須如此害怕恐慌。

❷彼得並非孤單無援：

在場接近耶穌的還有約翰，他並沒有隱藏身分，躲入人群中。彼得大可以放膽地說：「我們這裡在場的人應該有都跟過耶穌吧！不然怎麼會來此觀望？」也可順便一問：「我們當中誰沒跟過耶穌到山上或海邊、聽他講道、看他行神蹟的？」

❸明白真理：

彼得若能對先知預言耶穌第一次來世上受難有清楚的認識，明白耶穌耳提面命說自己會受難，就必明白當下這幕，正是傳遞正確彌賽亞觀點的時候，不用畏縮恐懼。也就是說我們對真理的認知，將影響面臨考驗時的勇氣。

177

你覺得彼得還可以有哪些更好的反應？

克服恐懼的勇氣是可以鍛鍊改進的，遇到驚嚇事件也是。我們平常可藉由調整心態練習，讓自己勇氣更足、膽氣更強：

一、面對恐懼的想法

每種害怕都有「合理」的理由，若想要有勇氣的表現，就得說服自己不須害怕。你可以試著這樣自我引導：我要是逃避，以後會怎樣；要是面對，會怎樣？我的信仰能幫助我如何看待這件事？

二、停止想太多

很多時候害怕是在事發之前，自己越想越可怕。若害怕緊張太強烈，思緒已無法控制，可以先「打住思考」，暫停一下將有機會幫助你改變思維。

三、一旦有克服恐懼的經驗，便能積累出勇氣

屈從害怕會成為習慣，膽小也是培養出來的！相對的，勇氣也可練習，這次忍住不屈服，會讓自己下次更有勇氣與自信，將

潛能激發出來。

四、結合夥伴，凝聚氣勢

夥伴能激發勇氣，若用錯地方就成為血氣之勇，這也是約瑟十個哥哥們對待他的行為模式。若能把這種效應用在好的方面，例如西方的兄弟會、戒酒會，或是孫中山先生帶領的同盟會等，與志同道合的夥伴相互集氣，當遇到某些處境時，勇氣便會瞬間啟動，足以抗衡更大的壓力。筆者在讀教會中學時，也曾招聚熱心愛主的同學一起進行關心學生、鼓勵信仰的事工，聚集同樣使命的夥伴，做起事來格外使勁有趣；牧會時，也讓青年自組青年崇拜、計畫佈道等，很快地便讓他們培養出膽識。

WHAT THE BIBLE SAYS

所以，你們不可丟棄勇敢的心；存這樣的心必得大賞賜。你們必須忍耐，使你們行完了神的旨意，就可以得著所應許的。

希伯來書10：35–36

亞拿尼亞與撒非拉後悔裸捐，該如何收回承諾？

（原版故事出處：使徒行傳5：1－10）

這是個有趣的問題，一時衝動發願捐款，後悔了該怎麼辦？

有一個人，名叫亞拿尼亞，同他的妻子撒非喇賣了田產，把價銀私自留下幾分，他的妻子也知道，其餘的幾分拿來放在使徒腳前。彼得說：「亞拿尼亞！為甚麼撒但充滿了你的心，叫你欺哄聖靈，把田地的價銀私自留下幾分呢？田地還沒有賣，不是你自己的嗎？既賣了，價銀不是你作主嗎？你怎麼心裡起這意念呢？你不是欺哄人，是欺哄上帝了。」亞拿尼亞聽見這話，就仆倒，斷了氣；聽見的人都甚懼怕。有些少年人起來，把他包裹，抬出去埋葬了。約過了三小時，他的妻子進來，還不知道這事。彼得對她說：「你告訴我，你們賣田地的價銀就是這些嗎？」她說：「就是這些。」彼得說：「你們為甚麼同心試探主的靈呢？埋葬你丈夫之人的腳已到門口，他們也要把你抬出去。」婦人立刻仆倒在彼得腳前，斷了氣。那些少年人進來，見她已經死了，就抬出去，埋在她丈夫旁邊。

使徒行傳5：1–10

這個例子非常特殊，令人印象深刻。在這之前的記載，大家的捐款應該都是所謂的「裸捐」，就是毫不保留全數捐出。教會凡物公用，人人將田產房屋變賣、奉獻供應彼此。

WHAT THE BIBLE SAYS

那許多信的人都是一心一意的，沒有一人說他的東西有一樣是自己的，都是大家公用。使徒大有能力，見證主耶穌復活；眾人也都蒙大恩。內中也沒有一個

> 缺乏的；因為人人將田產房屋都賣了，把所賣的價銀
> 拿來，放在使徒腳前，照各人所需用的，分給各人。
> 有一個利未人，生在塞浦路斯，名叫約瑟，使徒稱他
> 為巴拿巴 **(巴拿巴翻出來就是勸慰子)**。他有田地，也賣了，
> 把價銀拿來，放在使徒腳前。
>
> **使徒行傳4：32–37**

亞拿尼亞和撒非喇這對夫妻不想捐這麼多，當田產變賣後，他們心裡竟開始糾結是否全數捐出，想想這原屬於自己的產業，要捐也不必全額吧！若留下一部分，給出的仍然可觀，應該還是有所貢獻，但又怕自己沒有全數捐出不好意思、怕別人說話，所以在以為沒人知道的情況下，做了這樣的事。

彼得在聖靈感動下指責這對夫妻：「田地還沒有賣，不是你自己的嗎？既賣了，價銀不是你作主嗎？你怎麼心裡起這意念呢？你不是欺哄人，是欺哄上帝了。」而他們也立刻顯出欺騙主的結果：仆倒、斷了氣！

這現象讓當時信者或不信者都見識到基督徒所行的神蹟奇事。聖靈的運行是真實存在的！但上帝並不喜歡這種「現世報」的做法，所以歷史上這種例子並不多見，即使今天任何人反悔捐款或欺騙謊報 **(例如什一奉獻並非真實總收入的十分之一)** 倒不會遭到如同這對夫妻的下場。這不是上帝降低標準妥協，也不是無暇處理，而是「不是不報，時候未到」！

答應發願的捐款，當然要履行承諾，對人尚且該謹守信用，對神更應如此！但是人非聖賢，孰能無過？人向神許的願若真有後悔，該怎麼處理？我們可先從反悔的理由來看，幫助我們盡可能避免此事，或知道該如何應變：

❶一時衝動，事後反悔

有時一些活動、聚會讓人十分激動，在群體催促和氣氛感染的效應下，容易作出衝動的捐款承諾。等到事後清醒時，便後悔當時衝動承諾的金額過大。這種情況大家要盡量避免，一定要理性思考。萬一還是發生了，仍應據實以告，道歉並說明清楚自己的狀況，不須編故事謊稱理由來遮掩。

❷承諾後卻遭家人反對

這通常發生在大家擁有不同信仰的家庭裡，在沒獲得大家共識下，逕自作過大的捐款承諾，對家人也不公平、不負責任。建議在捐款前，先與家人商討捐款額度。若已經承諾，請先與收捐單位表達處境，道歉未能履行承諾。雖然失禮，卻也是疏忽造成，必須學習教訓，避免再犯。

❸以不同方式履行承諾

除了反悔承諾金額，或許也可用分期付款方式，拉長奉獻時間，總比食言好。或者也可發揮自己的人脈關係，邀約親友、同事集資捐款金額，湊足當時預計的捐款金額，也算是共襄盛舉，呼朋引伴一起參與聖工。

針對捐款奉獻，保羅的建議如下：「各人要隨本心所酌定的，不要作難，不要勉強，因為捐得樂意的人是神所喜愛的。」（**哥林多後書9：7**）所以呢，要是捨不得，就別捐；若只想捐一部分，就別答應裸捐！不要讓錯誤的奉獻方式，帶來後續諸多困擾。其實承諾後再反悔，不僅發生在奉獻有形的錢上，也常出現於台上講者對台下會眾進行的獻身呼召。當牧師邀請有感動的會眾被主使用、全職事奉，有些人當下表達意願，事後也是不了了之，這一樣是未履行的承諾，需要謹慎看待。

對的路，一開始可能覺得難走，因而多所顧忌擔憂，但長遠看來，反而是最好走的；錯的方向縱使便利，久而久之反而造成諸多副作用、損害連連，想想若能一開始就踏上Plan A之路，真是事半功倍呢！

183

第八章：一開始就走Plan A，路就不難走！

第九章

開啟心竅——
解析問題的
智慧

185

就像刑事鑑定人員、偵探、法官，需要偵查審理的能力，雖然我們沒有受過專業辦案的訓練，仍可以透過聖經故事，嘗試培養分析推理、判斷的能力。

猶太民族自古直到耶穌時代，所讀的聖經包含摩西律法、先知書等，主要核心信息就是關於彌賽亞──救世主，一位即將來到世界的拯救者，提到關於祂的出生、部分生平及其任務。然而猶太民族誤解最大的，竟也是對彌賽亞的認識，這件事相當諷刺！不但如此，還因耶穌不符大家對彌賽亞的想像，竟然全體口徑一致把耶穌釘在十字架上，置祂於死地！

在耶穌復活之後，祂向門徒顯現，跟他們講解猶太教的盲點誤區。「耶穌對他們說：『這就是我從前與你們同在時告訴你們的話說：摩西的律法、先知的書，和詩篇上所記的，凡指著我的話都必須應驗。』於是耶穌開他們的心竅，使他們能明白聖經」**(路加福音24：44－45)** 這裡說的「打開心竅」，指的是一種啟發，讓人有了新的視野，明白難懂或誤解的事物，也意味著過去某種先入為主的固化意識形態遮蔽視線，如今障礙清除，終於能一目瞭然、豁然開朗。

顛覆固著的思考模式

在我們的人生旅途上，特別需要這種「開啟心竅」的智慧，這

是對事物的思考評斷能力，可從後天的鍛鍊學習而得，透過生活周遭發生的事情、別人的遭遇、歷史故事情節來觀察判斷，經由無數次的演練，頭腦會越來越靈光，判斷力一定會有所改進。事實上很多錯判都是來自過去固化的認知。這裡列舉一些信徒常見的固化思惟，可能影響人的分析判斷力：

一、對經文的固化信念

聖經是基督教高度尊崇的真理權威，正統基督教和天主教普遍相信聖經無誤論，真理不會改變，這種信仰認知奠定了我們的穩固根基。然而我們得重新思考的也是關乎「真理不變」的信念，更要避免幾個時常發生的情況：

❶以為「真理不變」，所以表達真理的方式也不變

很多人喜歡把經文掛在嘴邊，讓人感到他的虔誠、熟讀聖經等，字裡行間常冒出經句或「感謝主」這三個字、常說「這是上帝的旨意」等，卻缺乏讓人易懂、好接受、可活用的方式來說明這些聖經理念，以為真理就得用一定的方式表達，因為這是上帝的話、大有能力，不能隨意更改加添。然而這麼一來便很容易變成死讀書、無法活用變通，縱使讓人感到虔誠，卻徒然塞滿宗教信條和經文，無法與人白話互動，讓人有填鴨洗腦之感。

其實真理雖然不變，但表達真理的方式還有很大的進步空間。例如十條誡命禁止拜偶像，但那是針對上帝子民（以色列民或基督徒）而言，並非對外邦人說的。所以今天基督徒勸人不要拜偶像，得要換個方式說，最好也等他願意瞭解的時候說。否則「不可拜偶像」這句話很容易被曲解為對他人宗教的歧視、排斥、否定。讓人覺得上帝是一位容不下別神、不尊重其他宗教的神，這樣一來真神與真理的好意就成了反效果，令人更加抗拒。

❷認為真理是不變而絕對的，我們只需認識過去所知的啟示真理，不會再有新的認識！

長年有信仰的人對真理的認識幾乎都只是一再複習，三、四十年如一日，甚至覺得只要參加聚會活動就是正常的信仰生活！其實我們對真理的認識都是作為繼續往前的基礎，就像學生每一階段的學習都是為下一階段作預備，仍要持續累積知識技能，這才正確。

二、教派主義及慣性習慣

教會或教派應該是為了引導人認識真理、敬拜所信的上帝，凝聚成團體做些對社會有貢獻的服務。遺憾的是在這當中容

易走向「教派主義」，也就是忠於教派、認識教派多過忠於上帝、認識上帝，對於真理也以教派或教會的說法為準，形成主觀意識形態，無視於問題存在，進而美化一些不當或不須的現象，「以相對的當成絕對的」，影響我們的判斷力，塑造成不可挑戰權威的形象。殊不知塑造越強的忠誠度，人的理性就可能越糊塗！筆者的意思倒不是要鼓勵懷疑對立，畢竟沒有信任基礎的團體更糟糕，乃是希望大家信仰更成熟、更符合真理。

三、信仰立場僵化面對情境倫理的兩難

宗教信仰是建立在對真理認知的立場上，一旦遇到情境兩難的特殊議題，便容易造成無法溝通的窘境。如同居、離婚、墮胎、同性戀、奉子成婚的婚禮等。各有立場是一定的，如何在不違反立場的原則下，仍能協助人面對一些實際而特殊的事件，這就是彈性應用的智慧，而不是兩手一攤說「沒辦法」、「不允許」便了事。現今世代多元複雜，所遇事件有諸多不同情境使然，不宜一概而論。處理事情時也不能僅僅考量是非對錯，而要判斷如何協助對方面對難處、處理改善，才能顯明信仰的愛心與益處。

改變對難題的認知

每個人遇到困難時的習慣性反應，如急躁、焦慮、畏縮退卻、

暴怒罵人等，也跟如何認知當下發生事件有關。若想成為一個善於面對狀況、解決問題的人，可從以下幾種看事情的習慣調整起：

---

❶問題必有答案─WWJD (What Would Jesus Do?)

就像負責任的老師一定在課堂上講解過考卷上的問題，要知道上帝對解決難題早有預備。遇到問題先別驚慌，請先靜下來想一想：聖經怎麼說？WWJD (What Would Jesus Do?) 因為聖經不只是台上宣讀或講解的讀物，更要被活用於生活中。反覆操練必能更懂得處理問題、更有智慧、反應更快、更準確，這就是智慧、能力增長的表現。

---

❷你不是孤單面對─上帝要在這事上與你同工

不好的事情發生自然會讓人緊張焦慮，這是上帝在人裡頭設置的自保生存系統，使人盡快想出路。所以若一味停留在擔心害怕的情緒裡於事無補，要知道聖靈已經內住在你裡面，你不是孤單面對，上帝要在這事上與你同工！

---

❸有問題，正彰顯出你的責任！

就好像一位醫師是為了醫治病患而存在；水電工是為房

子水電問題存在；司機是為了開車而存在；你正是為了這個時刻、這個問題存在的，這件事將因你蒙福！上帝可以透過你對這件事有所幫助。你可以透過禱告來讓上帝使用、帶來祝福；在平時，盡可能培養自己成為解決問題的人，多多預備自己，成為祝福的來源。

即使如此，若事情一發生又被擔憂抓住，並不表示你沒信心、不信靠上帝，其實這也是上帝造人置入的本能，在始祖犯罪後即被啟動的生存反應系統。我們透過聖經歸納出煩惱的四個面向：

❶煩惱與生存有關

我們在乎別人的眼光言語、他們喜不喜歡我，跟自己能否安全活下去有關。若受到排擠冒犯便會受傷憂愁，因為這等於威脅到生存。為了改善這種危機，人會努力博得周圍人的喜歡。不過事實是，即使受歡迎，也不知會被歡迎多久，有時努力付出後仍會受到曲解冷落，使挫折打擊更重。

❷煩惱與未來有關

我們今天所做的事，多數跟未來有關，例如必須努力儲

蓄、訂計畫、設目標等，因為人知道（以為）有未來！但誰能確定我們有未來呢？畢竟人對未來沒有掌控能力，我們可以盡力為未來作準備，卻無法保證未來一定會來到、如自己預期，真是矛盾又無奈。

❸煩惱與理想有關

無論人際關係、成績甚至體重，理想與實際總有差距，只要與自己期待不符就會產生失望苦惱；未達最佳狀態，便使人難過。

❹煩惱與能力有限有關

如果一個人有理想，同時有能力心想事成、達成所有理想，就不會擔心了！所以說穿了，人煩惱的真正原因是能力有限，能力無限便不須擔心未來、不用為生存煩惱。

脈絡式思考問題法

但人不是神，總是軟弱，只能試著增強解決問題的能力、釐清思緒，多練習面對難題與煩惱，減少陷入混亂思緒的頻率。這時可利用以下的脈絡式思考法：

找出問題的起點：

◎你覺得這件事（難過的事）變成這樣的原因是什麼？

◎為什麼你覺得這是個問題？

◎你覺得造成這種情況的人是惡意的嗎？如果不是，你覺得他的本意為何？

◎這是你的想法、猜測，還是真的如此？

◎這件事還有沒有其他思考角度？

面對問題、解決問題：

◎你會把心裡的委屈不平跟上帝說嗎？你相信這位上帝嗎？

◎你的信仰讓你如何看待這件事？

◎你覺得上帝希望你怎麼看？

◎這樣的感受，你是否試著和對方談過？

◎你曾經做過什麼嘗試解決這個問題？結果如何？

◎為了改善這個局面，你可以做什麼？該怎樣做（說）？

◎如果上帝希望你改變，你願意嗎？你希望上帝幫助你哪些

部份？

◎你還可以找誰來幫助這件事？有什麼單位可以提供資源？

💡 重新釐清自己真正要的是什麼

一般人都以為自己知道自己要什麼，其實很多時候我們根本不清楚。這時可以透過對話來一一釐清。接下來我們以輔導員與約瑟十個哥哥的模擬對話來進行示範：

◎約瑟把你們做的壞事告訴父親，使你們很討厭他。你們覺得這種情況，約瑟該怎樣做，比較不令你們生氣？

◎如果父親待你們比較公平，你們對約瑟會比較友善嗎？

◎你們是否希望約瑟更尊敬你們、希望父親更信任你們？該怎麼做比較能達到這個目標？

◎你們想跟父親溝通嗎？如果父親願意聽聽你們的想法，你們打算怎樣跟他談？

◎你們滿意目前家庭關係的現況嗎？哪方面能改善？

◎你們覺得這個家庭如何才能榮耀神的名？

◎若你們的後代將發展成十二個支派，你就是支派的先祖，

支派以你為名。你希望你的支派後裔怎樣傳遞有關你的事
蹟？

上述提問方法，皆可用於遭遇難題的人身上。因為多數受苦
者並非真正處與絕境，只是整個人心思已完全陷入難題或者
無法挽回的傷心事中，透過正確或適當的提問可引導受困者
抓住一線曙光。就如箴言書所言：「你要保守你心，勝過保守
一切，因為一生的果效是由心發出。」(箴言4：23) 以下我們繼續
透過不同求助者情境舉例，協助讀者白我對話，應用在不同
生活難題上：

🔍 個案舉例：一個失戀傷心的青年 (提問引導)

◎你覺得交往無法繼續的原因有哪些？

◎這次戀情除了傷心結束外，平心而論，你覺得帶給你哪些成
長？

◎如果上帝讓你知道未來會有更好的伴侶，對你走出情傷有
幫助嗎？

◎除了失戀，你覺得自己算是一個幸福的人嗎？

個案舉例：一個經商失敗的生意人 (提問引導)

◎如果你有機會東山再起，這次的失敗算是繳學費，哪些經驗有助於你未來的成功？

◎你覺得生命中還擁有什麼極具價值的人事物？

◎若還有機會成功，你認為自己需要具備什麼能力？需要開始什麼行動？

其他提問範例：

◎你在乎的是否不是父母給你多少財產，而是他們分配是否公平？

◎你在意的是你的身材，還是別人對你的眼光？

◎你覺得人們肯定你的身材好比較讓你開心，還是他們喜歡你這個人？

◎你覺得什麼原因能讓大家更喜歡你？你怎麼確定？

◎孩子考試的成績讓你很傷心，你難過的點是什麼？是擔心他的分數、前途？還是因為他沒有滿足你的期待？

◎如果他成績好但沒前途，跟成績不好可是未來有成就相比，

你比較希望哪一個？

◎別人這樣做讓你很難過，而且不只一次了，你覺得他是惡意的，還是只是做法不恰當？

◎你有跟他說過嗎？是不想說，或不知道怎麼說，還是怕跟他起衝突？

經由上述提問可以協助釐清問題所在，並透過視角轉移改變心情，讓苦惱的人如釋重負。

要解決的問題可能出於自己

曾經有位女子的母親去世多年，父親年老後認識另一位孤寡忠心的姊妹，兩老決定續絃好有照應。但這位女兒擔心父親年老受騙，期望作者協助阻止父親再婚。於是筆者邀約教會熟識雙方的長輩們前往了解實況，一經了解後，大家都認同再婚對這兩位長者是最合宜的決定，因此事後作者在電話中跟這位女兒報告處裡的方式，並引導她明白：雖然表面她是擔心父親上當，實則是應該學習放手。有時事件的發生，正是給當事人機會反省調整自己的時刻！

WHAT THE BIBLE SAYS

> 耶穌對他們說：「這就是我從前與你們同在之時所告
> 訴你們的話說：摩西的律法、先知的書，和詩篇上所
> 記的，凡指著我的話都必須應驗。」於是耶穌開他們
> 的心竅，使他們能明白聖經，又對他們說：「照經上
> 所寫的，基督必受害，第三日從死裡復活，並且人要
> 奉他的名傳悔改、赦罪的道，從耶路撒冷起直傳到萬
> 邦。你們就是這些事的見證。」
>
> **路加福音24：44-48**

耶穌開啟他們的「心竅」，原文就是心思、思想、理智的意思。
當我們說這個人腦袋終於開竅了，意思是他終於懂了、想通
了！這是人生至關重要的時刻，而這種思維領悟力便可以透
過上述練習與提問進行。本書的目的就是讓讀者一方面開啟
思維，一方面自行練習，使生活突破盲點、寬廣靈活。

WHAT THE BIBLE SAYS

> 因為那至高至上、永遠長存名為聖者的如此說：
> 我住在至高至聖的所在，
> 也與心靈痛悔謙卑的人同居；
> 要使謙卑人的靈甦醒，也使痛悔人的心甦醒。
>
> **以賽亞書57：15**

這位聖者，就是至高至聖的上帝，卻與願意學習的人同住，
使他們「靈甦醒」，也要讓「痛悔人的心甦醒」。這裡的「心」指
的就是思想意念，「甦醒」則是因清楚明白道理而恢復的生命
力，意思是上帝要我們的思想充滿生命活力，使一生美好的

果效,由此發出!

許多好的習慣能力需要刻意練習才能具備,此書僅是嘗試從聖經故事題材,幫助彼此重新應對,透過所知的道理、神的行事作風,推判回到故事當下應怎麼做更正確妥當,同時培養我們解決問題的能力。

可以想像,聖經時代的錯誤行為者,若有人能及時正確開導他們,很可能就不致犯此錯誤,順利踏入上帝的A計畫、改變歷史。雖然如今事過境遷,於事無補,但我們仍能成為助人助己的角色,讓自己與他人做出對的選擇、改變自己的命運、翻轉未來的歷史!

國家圖書館出版品預行編目（CIP）資料

發現上帝的A計畫 ： 在故事的錯行中學做對的事 /
杜慕恆著. -- 初版.-- 臺北市 ： 時兆, 2020. 10
面 ； 公分
ISBN 978-986-6314-95-7（平裝）
1. 基督教 2. 信仰

244.93　　　　　　　　　　　109013076

在 故 事 的 錯 行 中 學 做 對 事

作　　　者	杜慕恆
董 事 長	金時英
發 行 人	周英弼
出 版 者	時兆出版社
客服專線	0800-777-798
電　　話	886-2-27726420
傳　　真	886-2-27401448
地　　址	台北市105松山區八德路2段410巷5弄1號2樓
網　　址	http://www.stpa.org
電　　郵	service@stpa.org
責　　編	蘇芩慧
封面設計	時兆設計中心‧馮聖學
美術編輯	時兆設計中心‧邵信成
商業書店	總經銷 聯合發行股份有限公司 TEL.886-2-2917-8022
基督教書房	總經銷 TEL.0800-777-798
網路商店	http://store.pchome.com.tw/stpa
Ｉ Ｓ Ｂ Ｎ	978-986-6314-95-7
定　　價	新台幣280元，美金10元，港幣88元
出版日期	2020年10月 初版1刷